川西の歴史今昔

猪名川から見た人とくらし

小田康徳

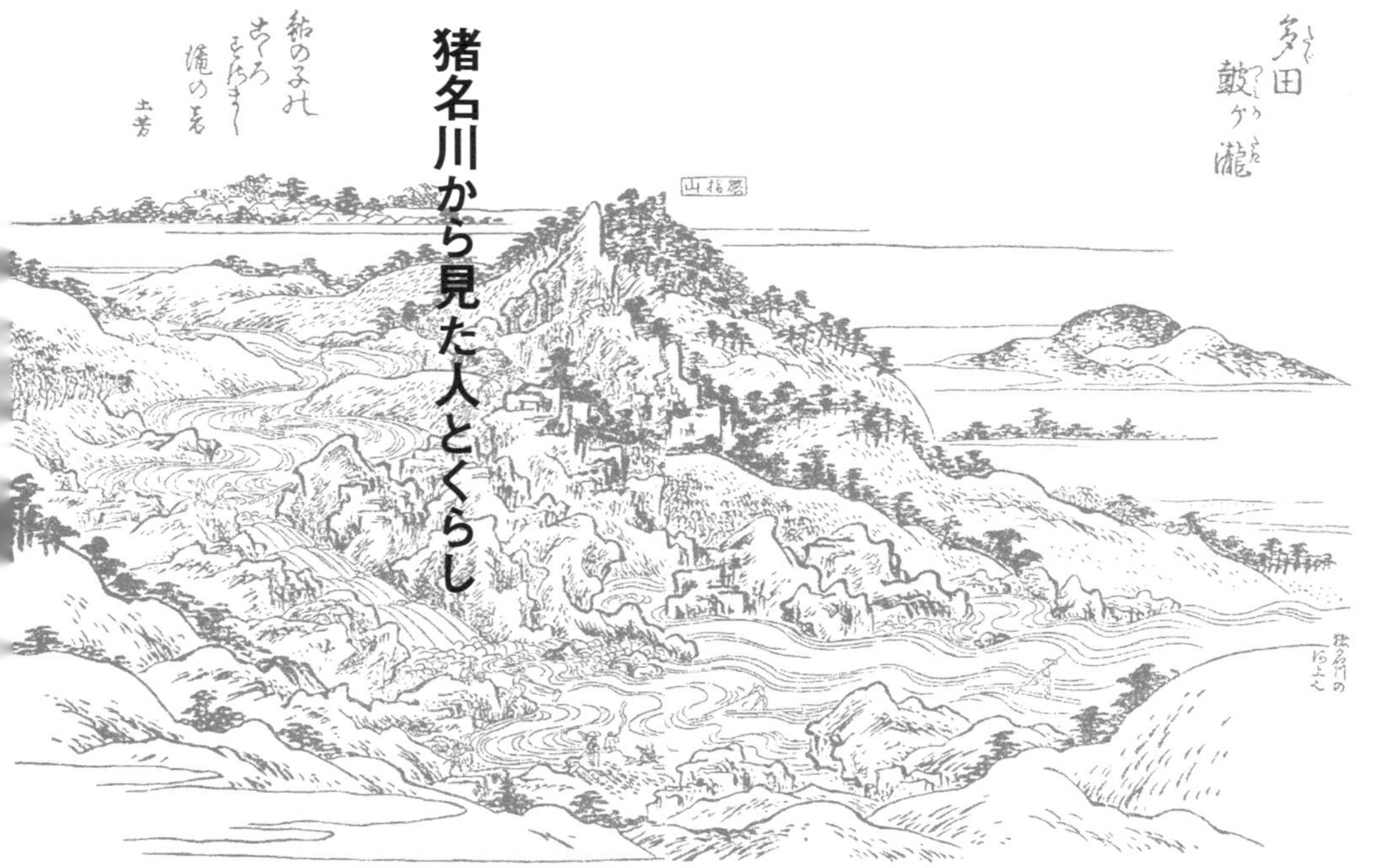

本書関連地点案内

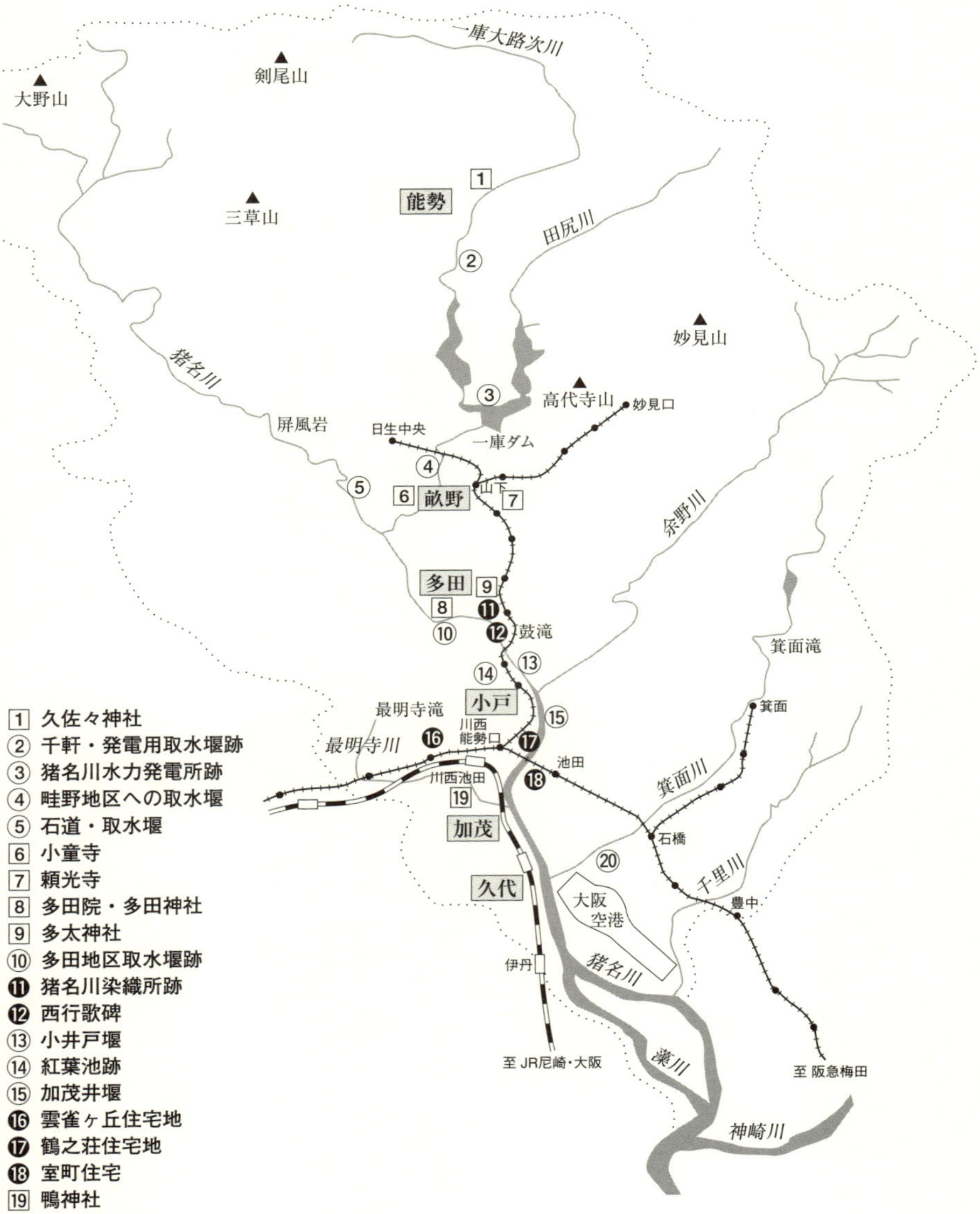

1 久佐々神社
② 千軒・発電用取水堰跡
③ 猪名川水力発電所跡
④ 畦野地区への取水堰
⑤ 石道・取水堰
6 小童寺
7 頼光寺
8 多田院・多田神社
9 多太神社
⑩ 多田地区取水堰跡
⓫ 猪名川染織所跡
⓬ 西行歌碑
⑬ 小井戸堰
⑭ 紅葉池跡
⑮ 加茂井堰
⓰ 雲雀ヶ丘住宅地
⓱ 鶴之荘住宅地
⓲ 室町住宅
19 鴨神社
⑳ 伝弁慶の井

ちょっと固いが、よくわかる！
なるほど、そうか。うん、そうかもしれないな。

というのが、筆者の願いです。

川から見たら地域の歴史はどう見えるのだろう。
今の兵庫県川西市をはじめ、その周辺の歴史を、一番大事な猪名川に焦点を当てて古代から現代まで、史料に基づき、さらに関係地域を踏査して書き下ろしてみました。うまくいっているかどうか……、
読んでみて、ああそうか、と気がつかれるところが何かあれば、こんなうれしいことはありません。できればご意見も。

この本は、二〇一六年六月三日と同一〇日兵庫県川西市けやき坂公民館において「地域歴史講座」として二回にわたり開かれた市民講座において講演した記録を基にするものである。同公民館における地域歴史講座は二〇〇七年が最初で、その後毎年恒例のように、違うテーマを設定しながら継続してきた。今回、この講演をこのような形で文章化するのは、せっかくの話を残しておきたくなったからである。なお、「4　近現代の変化と猪名川」は講演では行わなかったものの、必要性を考え、今回付け加えた。

小田　康徳

二〇一七年秋

目次

3、近世の村と猪名川　61

はじめに──問題にしようと考えているもの

猪名川と五月山
大きな堤防と水位計。一方で悠々と流れる水。
バードウォッチングを楽しむ人。後ろの五月山も印象的。
ゆったりとした平地部の日常風景。

猪名川は、兵庫県猪名川町大野山《おおや》（標高七五三メートル）を源流とし、途中、阿子谷《あこだに》川・野尻《のじり》川・一庫《ひとくら》大路次《おおろじ》川・余野《よの》川・最明寺《さいみょうじ》川・箕面川そして千里川などを合わせ、下流では藻《も》川を分流して、最後は淀川の分流神崎川に注ぎ込みます。本流の延長は四三キロメートル、流域面積は三八三平方キロメートル。全国的には著名とは言えないかもしれませんが、実は一級河川なのです。平均勾配は上流一：六五、中流一：二八七、下流一：七二四、すなわち上流〜中流は相当な急流となり、豪雨の後はしばしば洪水を引き起こすし、一方、渇水の悩みも尽きないものがあります。

国土交通省の報告によりますと、猪名川の流域は、京都・大阪そして兵庫の三府県にまたがっています。関連市町には、私どもの住む中流域の兵庫県川西市をはじめ、上流域には豊能町・能勢町（以上大阪府）・亀岡市（京都府）・猪名川町（兵庫県）、中流域には、池田市・箕面市（以上大阪府）・宝塚市（兵庫県）、そして下流域には豊中市（大阪府）・伊丹市・尼崎市（以上兵庫県）の各市町があります。関連人口は約一八〇万人、流域内人口は六五万人を数える都市河川なのです（一九九五年時点）。

これらの数字を見ますと、猪名川は全国的にも結構大きな存在であることは間違いありません。流域市町にとっても相対的な軽重の差はあれ、大事な河川だと言っていいでしょう。とりわけ、われわれ川西市民にとっては市域の南北を貫いて流れる、文字通り母なる川です。その重要性は、市民ならば誰もが認めるところでしょう。

猪名川流域の概要

出典：猪名川流域総合治水対策協議会「猪名川流域の総合治水対策」

しかし、この猪名川は、その流域とりわけ川西市地域の歴史形成にとってどんな意味を持つ存在であったのでしょうか。また、この点について、市民の中でいったいどんな共通認識が確立しているのでしょうか。あらためて、このように設問してみますと、『川西市史』にも、その記述の各所で猪名川について触れてはいますが、このような問題意識に立った具体的で体系的な検討はほとんどないことに気がつくのです。

そこで、今回は、猪名川が流域の歴史的な形成においてどんな役割を果たしてきたのか、その歴史にどのように関わってきたのか、沿川の人びとは、どのように立ち向かっていったのか、また時代の推移の中で引き起こした問題にはどんなものがあったのか、これらに視点を据えて地域の歴史を探り、あわせて今日の課題を考えてみようと思いました。もちろん、文献記録の残る全時代を通してです。

さて、猪名川というような大きな意味を持つ存在に対しては、人々は必ず一定の社会的な関係を取り結んで関わっていきます。そして、その社会的な関係には、それぞれの時代によって異なる歴史的な特徴があったとみるべきでしょう。猪名川の歴史を知るということは、それに関わった人々が、それぞれの時代においてどんな関係のもとに川と関わっていったのか、川の持つどんな価値に目を着け、どうそれを実現しようとしたのか、またそれはいかなる社会を作り上げ、いかなる問題を人々に突き付けたのか、そのありようを解明することにほかなりません。それこそが生きた人間の歴史と思います。私は、記録の残る全時代を通して、その全容を知り、将来の大きな展望を探ってみようと、ここでは思っているのです。

もちろん、これはたいへんな仕事になります。私にとっては不得手な時代分野も多く、うまくいくかどうか……、ええ、たいへん心許なくも感じています。しかし、これができれば、川西市域や猪名川流域といった地域の歴史を大きく認識するうえでたいへん大きな視野が開かれると思いました。しかも、そこからは、もっと広く、全国的にも応用できる、歴史学上の何事か大事な方法も見えてくるのではないかとも期待しています。

なお、方法としては次のようなやり方を考えました。まず『川西市史』その他の地域研究文献の中で、猪名川がそれぞれの時代にどう位置づけられているのかを探ります。つまり、猪名川についてどのような歴史認識が語られているのか、それを調べてみるということです。つづいて、各時代のしっかりした史料を読んで、それぞれの時代の中における猪名川の位置づけあるいは意味を実際に探ってみます。そして、最後には、現代社会と猪名川について、いかなることが課題として存在しているのかを考えてみようということです。読者の皆様におかれては、筋の展開とか、事実認識の誤りとか、あるいは大事な問題でありながら欠落した所など、気が付かれたところは、なんでも結構ですからどんどんご指摘、ご批判ください。その反響が本当のところ、私を喜ばせ、勇気づけてくれます。あるいは、ご指摘の事実が本論を根本的に否定する事実の場合には、自分の無能力に強い反省を迫ることとなるでしょう。これはつらいことです。

ところで、はじめにちょっとお断りしておきます。それはここで猪名川と言うのは、現在の国家的統一的視点で決められた厳密な意味での猪名川本流だけでなく、先にあげた一庫大路次川とか余野川といった大きな支流も含め、広くそれらを猪名川、あるいはその流れとしてとらえていこうということです。あらかじめご了解くださるようお願いしておきます。また、本書では主として川西市域を中心に取り上げています。副題で「猪名川から見た人とくらし」と名付けながら、同じ猪名川流域の亀岡市、箕面市、宝塚市、池田市、そして下流に属する豊中市・伊丹市・尼崎市についてはほとんど考察することができませんでした。能力の不足を痛感するとともに、今後の課題として残しておきたいと思います。

なお、参考文献のうち、川西市史編集専門委員会編集『かわにし　川西市史』(第一巻~第八巻、川西市発行、一九七四~八一年)は、単に『市史』または『川西市史』と表現しておきます。煩雑さを避けるためです。

1 古代の猪名川

猪名川の源流
兵庫県猪名川町大《おお》野《や》山の山頂付近。
地中から出た水が崖の下に水溜りをつくっている。

「万葉集」と猪名川

はじめに、猪名川あるいはその支流について記されている代表的な史料を古い順に『川西市史』のなかに探ってみます。そうすると、まず、「万葉集」が出てまいります(『市史』第四巻一二一〜一二二ページ)。

しながが鳥猪名山響《とよ》に行く水の
　名のみ縁《よ》さえし隠妻《こもりづま》はも
(巻一一—二七〇八)

かくのみにありけるものを猪名川の
　沖を深めてわが思《も》へりける
(巻一六—三八〇四)

ふたつとも、なかなか情感のこもったいい歌ですね。とくに、後者の歌には、(『市史』には省略されていますが)、契り合った仲にもかかわらず、男が駅使(馭者か)として遠国に遣わされ、会うこともできなくなってから何年もたち、ようやく会うことができたときには女性は痩せ衰え、弱り切っていた、そのときに男が詠んだ歌一首といった趣旨の詞書《ことばがき》があります。この時代、みやこから離れた片田舎の庶民が国家によって実に厳しい境遇に置かれたことが示されるものであります。

これらの歌からは、山間部を流れる猪名川においても、あるいは平地部を流れる猪名川においても、どちらにしても美しく澄み、青々滔々と流れる川のありさまを詠い、その水量豊かな流れの情景と、愛しい人を切なく思う詠み人のこころが重なってくるようです。

万葉の時代において、この猪名の地域にも人びとが暮らし、好きな人への思いがあったこと、その思いが山々のいくつもの谷々をめぐり、やがて平野に流れ下る豊かな川とともにあり、その音と情景が人の心を打つものであったことが伝わってきます。猪名川と猪名の山々、その自然のありようが、身近に接した当時の人々の心にも、あるいは現代人以上に響くものであったのでしょう。

ただし、本書で問題としようとする日々の暮らしと川との関わりについてこれらの歌が具体的に示しているわけではありません。また対象となっている場所も特定はできません。残念なことです。『市史』では、史料編にこれらの歌を掲載していますが、通史編では実際に利用されていないのです。史実を解明しようという市史にとっては、利用しがたかったからかもしれません。

「摂津国風土記逸文」にみる美奴売の杉

「摂津国風土記」という書物は、まとまった形では残されていません。しかし、各書にその断片が引用されており、貴重な史料とされております。そのなかに、美奴売《みぬめ》松原（今は美奴売というとあります）に息長帯比売《おきながたらしひめ》天皇（神功皇后）が筑紫に進攻しようとしたとき、もろもろの神祇を集めた中に、「吾所住之山に須義（杉）の木があるので、よろしく伐採し、船を造らせます。これに乗っていかれたらうまくいきます」と申し出る神がおり、その通りにしたところ、新羅を遠征することができた。帰還後、この神をこの地に祭り、この船をこの神に献じ、さらにその地を美奴売と名付けたという話が掲載されています（『市史』第四巻一一六～一一七ページ）。

ここでいう美奴売山というのは能勢町の三草《みくさ》山だといわれています。もちろん、単純に史実として受け取ることはできませんが、猪名川上流の山地に良い杉の木が生えており、それを伐り出す人々がいたことは大いに想定していいものと思います。彼らが神功皇后の呼びかけに応じたという所に、古代における中央政権への協力という姿を見ることもできるのではないでしょうか。

「住吉大社神代記」に見る猪名山と猪名川

つぎは「住吉大社司解」です。これは「住吉大社神代記《じんだいき》」とも呼ばれる有名な古代史料で、実際の成立は平安時代初期かと言われています（『市史』第四巻一二四～一二五ページ）。

一、河辺郡為奈山　別名坂根山
四至　限東為奈川幷公田　限南公田
　　限西御子代国堺山　限北公田幷羽束国堺
右杣山河領掌之由、同上解、但河辺・豊島両郡内山惣号為奈山別号坂根山、昔大神誅土蜘蛛、宿寝坂上、仍号坂寝山、山内有宇禰野、天皇遣采女、令採柏葉、因号采女山今謂宇禰野訛　御子代国今謂武庫国訛
一、為奈河、木河《ママ》津
右河等領掌縁同上解、但源流者従有馬郡・能勢国北方深山中出、東西両河也。東川名久佐佐川、流通多抜山中、西川名美度奴川、流通美奴売乃山中、両河倶南流逮于宇禰野、西南同流合、名号為奈河、西辺有小野、当城辺山西方名軍野、（この後有名な二つの川の女神の伝説がつづいていますが、省

略します。）

これは地名の由来を書き上げた、いわゆる伝承記録ですね。ここでは、最初の項で「為奈山」が取り上げられています。「為奈山」という文字が使われ、別名「坂根山」ともされています。

この「為奈山」については、奈良時代とか平安時代初期のころの状況としては「杣《そま》山河」と規定され、人が木材切り出しなどで利用していること、川とも一体であることが記されています。そして、この「為奈山」は、「河辺・豊島両郡内山、惣《そう》じて為奈山《いなやま》と号す」とありますように、川辺《かわべ》郡と豊島《てしま》郡にまたがる相当広い範囲を意識していたようです。また、別名を坂根山と言うのは、住吉の大神の「土蜘蛛《つちぐも》」退治と関係づけられているというわけです。

さて、土蜘蛛を誅したあと、住吉の大神が坂の上に寝たというのは、もともとこの山間、或いは山麓に暮らしていた人々の抵抗を押さえて、この地を中央の権力が手に入れたことを意味しているのでしょう。そうしてだんだん中央権力者による地理的な知識が広がってくると、山の中に「宇禰野《うねの》」を発見したと言うのです。なぜそこを「宇禰野」というかというと、天皇が宮廷の女官すなわち「采女《うねめ》」に柏葉の採取を命じたからで、それでそこが「采女山」と呼ばれ、訛って「宇禰野」と言われるようになったと述べています。ちなみに、柏の葉とは、古代において料理のときに食器として使うものでした。つまり、朝廷がこの地に見出した価値は、自然の生み出した資源の利用ということになるわけでしょう。もちろん、豊富にあった木材の伐り出しも、その中に含めていいものと思います。

次に、「為奈山」の四至《しいし》つまり東西南北の地域的な広がりが書かれています。すなわち、東は「為奈川と公田」、南は「公田」、西は「御子代国堺山《みこしろ》」そして、北は「公田ならびに羽束国堺《はつか》」とされています。これは猪名山の広がりを知るうえで興味ある記述ですね。もし、この記述通りとするならば、猪名川の流れを東の境とし、南は猪名川が広い平地に出てくるあたり、すなわち現在の長尾山の東南麓あたり。北は摂津・丹波の国境当たり。そして西の境は「御子代国」すなわち「武庫国」となるわけで、これは相当広い山の地帯をイメージするものであったことは間違いありません。

猪名川流域と公地公民制

さて、この史料でもっとも興味深いのは、東側と南側そして北側にも「公田」と出ているところでしょう。いうまでもなく「公田」とは、いわゆる「公地公民」・「班田収受の法」として知られている「公地」「班田」であり、古代律令国家が「公民」に六年間ずつ班給していた土地のことです。言いかえれば、国家的な規模で構築されていた農業的開発地に外なりません。「為奈山」は、そうした農業的な開発地には接してはいたが、そこはまだ農業的な開発地ではなかったということが示されているということですね。

ちなみに、そうした公田となる条里の遺構は、現在の川西市においては、猪名川が広い平野に出てくる滝山あるいは出在家以南、そして、長尾山の南麓以南に広がっていたことが確認されています（次ページの挿図）。つまり、滝山以北、そして長尾山以北の山間部には、いまの多田盆地も含めて中央権力による農業的な土地開発の力はまだ十分に及んでいなかったことがうかがえるのです。

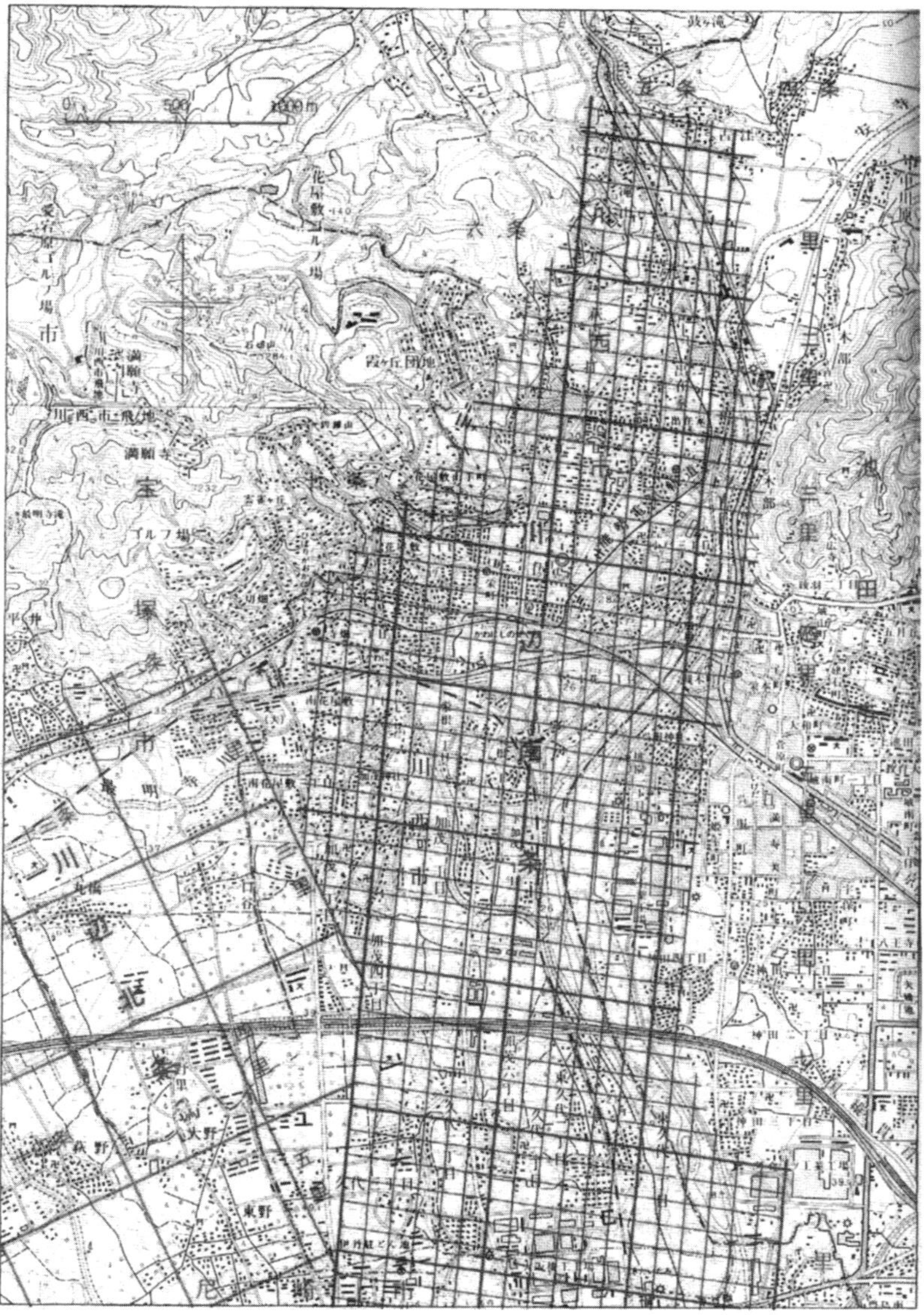

川西市域の条里遺構図（『川西市史』第1巻・254頁）

ただし、これに関しては、もう一つ、「続日本紀」和銅六年（七一三）九月の条を見ておかねばなりません（『市史』第四巻一一六ページ）。

己卯（十九日）摂津職言、河辺郡玖左佐村、山川遠隔、道路嶮難、由是、大宝元年始建館舎、雑務公文、一准郡例、請置郡司、許之、今能勢郡是也

ここでは能勢郡の分離・独立が語られているのですね。すなわち、「摂津職《せっつしき》が言うには、川辺郡の玖《く》左佐村《ささむら》は、郡衙《ぐんが》の置かれた場所（おそらくは今の伊丹辺りと推測されている）からは山川遠隔にして道路は険しい。そこで、大宝元年（七〇一）事務を執る官舎をそこに建て、郡に準じさせた。これが、今の能勢郡である」と言うのです。つまり、新しく能勢郡の郡衙が設置された「玖佐佐の辺り」は開けていたとも述べているのですね。「玖佐佐の辺り」とは、今も久佐佐《くささ》神社があることから、おそらく能勢町宿野《しゅくの》の辺りと考えていいでしょう。

古代の猪名の様子を知ろうとするとき、南部の平地部と並び、このように能勢郡内の平地部や、場合によっては、まだその場所は特定できませんが、「宇禰野」地域のようなところも少しずつ農業的に開け始めていたこと、律令国家はそうした平地を中心に統治を広げつつあったことを知っておきたいと思います。

つまり、為奈山（別名坂根山）とは、「公田」に接しつつも、農業的にはまだ開けない山塊を指す言葉だったのです。そして、為奈川とは、まさにこうした広大な農業未開発地の中を流れ、そして国家権力が開発に力を注ぐ南部の平地に流れ出ていたものではないでしょうか。

では、為奈山に人は棲んでいなかったのでしょうか。いえいえ、住吉大社の大神による土蜘蛛の退治とは、かつてこうした農業生産的な意味では未開発地に棲み、木材などを伐り出す、そして当然なことながら山の幸や川の幸を求めて暮らしていた人々の存在を示しています。そして他方では、中央権力による彼らの統制が、おそらくは明日香から奈良の時代にかけて始まったこともうかがわせています（注）。

（注）はるか以前、たとえば弥生期の加茂遺跡に住んだ人々のことなどはさておき、大阪大学考古学教室と川西市教育委員会の調査による川西市内火打《ひうち》の勝福寺《しょうふくじ》古墳の考古学的な調査からは、六世紀前葉の継体王朝との関係性が注目されるような豪族の存在が確認されつつあります（WEB　勝福寺古墳デジタル歴史講座）。

律令国家の土地開発力

ここで、視野を山間部から離してみましょう。「公田」の広がる山麓部以南において農業経営を担う「公民」とされたのはどんな人びとだったのでしょうか。また、彼らの住む横を流れる猪名川は、彼らにとってどんな存在となっていたのでしょうか。

律令国家が農業水利や道路あるいは大寺の建築など、土木工事に熱心であり、行基らの名とともに、昆陽池《こや》や狭山池《さやま》など各地に大規模な工事を施したことはよく知られています。しかし、律令国家が先ほどの万葉集の歌に示されるように、地域に生きた庶民を思いのままに土地から引き離し、使役したことも事実のようです。また、そうだとすれば、どこまで農業開発のため、庶民を大事にし、その社会的結合を重視しようとしたのかも疑問となってきます。

ただ、ここでは川西市地域の平地部ではどのような開発が進んでいたのか、ということについて検討しておきたいと思います。

奈良〜平安初期に暮らしが営まれていたことのわかっている地域として川西市域で確認されている遺跡を掲げてみましょう。すると、下加茂遺跡（縄文〜中世）・加茂遺跡（旧石器〜平安）・栄根《さかね》遺跡（縄文〜中世）・栄根寺廃寺（奈良〜中世）・小戸《おおべ》遺跡（弥生〜中世）・満願寺（平安〜近世）・多田院遺跡（平安〜近世）・西畦野遺跡（弥生〜中世）などが上がってきます（勝福寺古墳デジタル歴史講座）。つまり、川西市の山間部では西畦野地域が早くから開けていた以外は、満願寺・多田院に可能性があるぐらいで、やはり、開発の中心は市域の南部すなわち広い平野地帯であることが確認できます。実際、中央政府が確認していった地名もこうした平地の地域を中心としていたことは明らかです。

では、土地開発と言った場合、実際にどのような技術が施されていたのでしょうか。川西市域に限ったことではないのですが、養老田令には、

毎二町配牛一頭、其牛令一戸養一頭、謂、養牛之戸、免其雑徭也

とあります（市史第四巻、一一八ページ）。律令国家は田の仕事のため牛の利用を進めているのですね。二町に一頭の牛を配付して、そのうちの一戸に飼育を命じ、その戸には雑徭を免除しています。牛の利用は、このころ広げられたこと、おそらく大きな生産の増大が期待されたものと思われます。

しかし、いよいよ本題ですが、農業水利としての猪名川利用の可能性はどの程度求められていたのでしょうか。残念ながら、記録は見つかっていないようです。ただ、推測ですが、平野部において猪名川

本流はもちろん、大きな支流や分流についても、その農業水利としての利用を目指した河川本体の統制や積極的な工事は、技術的にまだむつかしかったのではないかと思います。流量が安定しない猪名川本流や大きな支流の制御はなかなか困難で、むしろ、洪水・溢水による想定できない石河原の形成などのほうが大きな問題で、地域の人びとも律令国家もそれをいかに避けるかに努力を集中していたのではないでしょうか。渇水時の水位低下も気になったことでしょう。だから、平地部における猪名川の利用は、農耕においては自然に形成されたおとなしくて、規模の小さい支流などにとどまり、本流や大きな支流については漁労・運輸（木材の流送）などに限定されたと思われます。ただし、この点の具体相については、古代の河道の知識や、しかるべき水利灌漑施設跡の検出にかかっているとも言えるので、まだ確定的なことは言わないでおきたいと思います。

困惑させられる地理認識

ここで余談ながら、猪名川をめぐる地理的認識には正確なところとあいまいなところの両方があったことを指摘しておきます。それは、「為名川」・「玖佐佐川」そして「美度奴川」、さらには武庫川についてです。再度引用するのですが、先の『住吉大社神代記』には、

為奈河、木河津《（ママ）》

とあって、その解説として、まず、

源流者従有馬郡・能勢国北方深山中出、東西両河也。

と記されています。

つまり、「為奈河」、「木河津《(ママ)》」は東西の両河で、有馬郡と能勢国北方深山から流れ出ているとされています。とすれば、これは東側が現在の猪名川、西側が武庫川と言っていいでしょう。猪名川は能勢国北方深山中から流れ出ているというのも、まずは頷かれます。また、武庫川が有馬郡からというのも同様です。またそうすれば「木河津」も音が「むこがわ」に通じるようでもあります。

しかしそのあとの記述で頭がこんがらがってきます。記事は次のようになっています。

東川名玖佐佐川、流通多抜山中、西川名美度奴川、流通美奴売乃山中、両河倶南流逮于宇禰野、西南同流合、名号為奈河、西辺有小野、当城辺山西方名軍野

この記事だと東の流れは「玖佐佐川」です。これは、その地名から考えて今の能勢町宿野あたりから流れ出る川で現在の一庫大路次川《ひとくらおおろじがわ》です。一方、西の川は「美度奴川」で「美奴売乃山中」を流れているとあります。これこそ、現在の猪名川本流の上流部に違いありません。そして、両河とも「南流」して「宇禰野」で合流し、「為奈河」と号するというのです。これはまさしく現在の地理的状況と合致します。そうすると「両河」というのは猪名川と一庫大路次川となり、はじめの猪名川と武庫川という認識と矛盾してきます。混乱があるというのは、ここのところなのです。お分かりでしょうか。今、この記録を基に猪名川と武庫川の女神たちのいさかいと、それによる両河の自然的特徴の形成を物語っているのをときどき見かけますが、話はおもしろくても、如何なものかと言わざるを得ません。

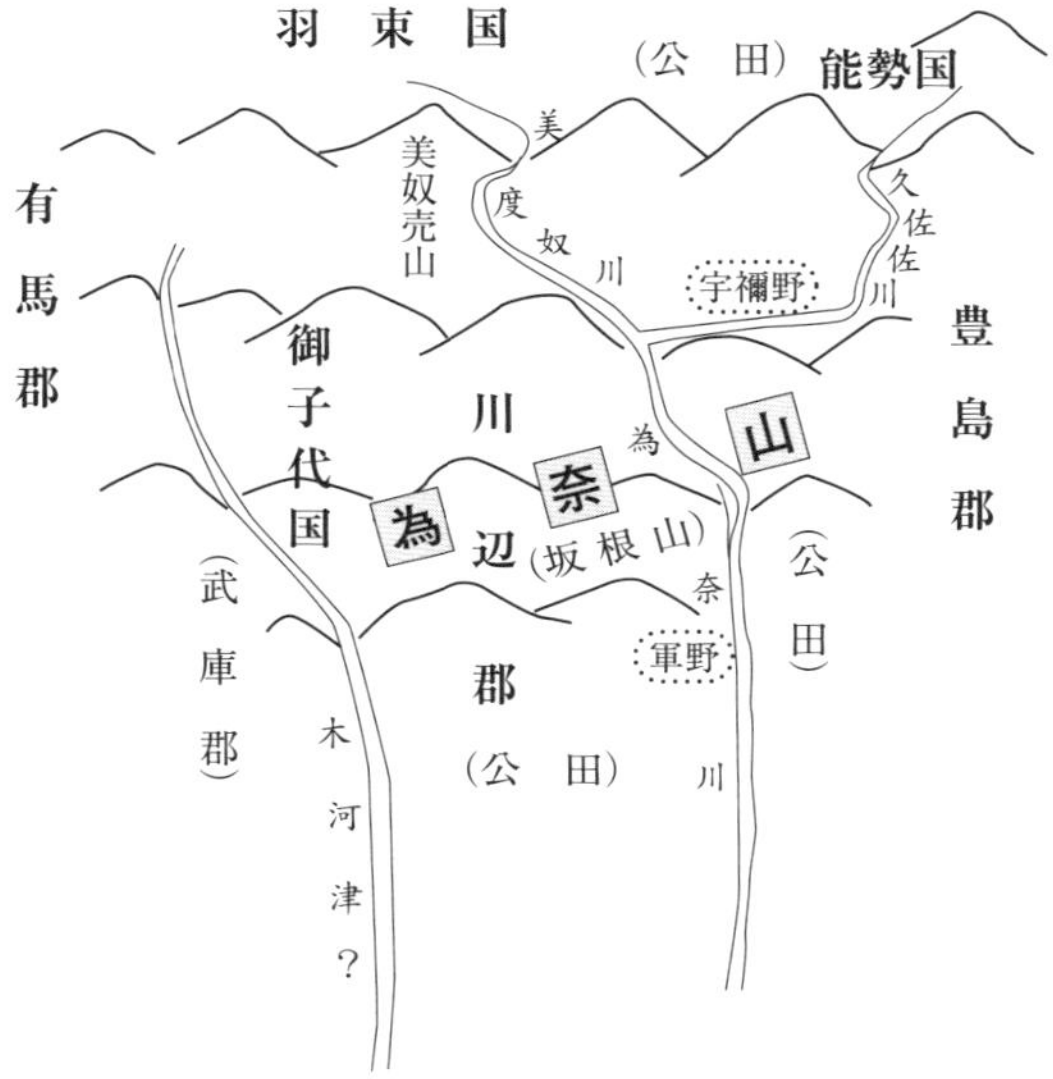

猪名川の二つの大きな支流および武庫川の流れの模式図

なお、右の記述に続いて、猪名川の「西辺有小野、当城辺山西方名軍野」という記述があることにも注目しておきたいと思います。この「小野」とは今のどこでしょうか。「城辺山」を「キベヤマ」と読めば、現在池田市の木部《きべ》とも考えられます。そこは東にすぐ山が迫っている地区ですね。もしそうならば、その西で猪名川の西側となれば、今の川西市小戸《おおべ》地区、古代には「雄家」と呼ばれた地域かもしれません。あるいは、もっと上流に目を着ければ、当時平地として認識されていた今の西畦野《うねの》の辺りというのもあるかもしれません。いずれにしても、そこは「城辺山」の西に当たり、「軍野」と呼んだというのですね。では、「軍」とは何でしょう。どんな軍《いくさ》があったのでしょうか。しかし、もうこうなってくると推測が勝ちすぎる議論になるので、ここらあたりでやめておきましょう。ともかく律令国家が地域を認識するやりかた、特に山間部についてはそれがかなり大雑把であったことだけには気がつきます。

畦野牧

ところで、『日本後紀』大同三年（八〇八）七月の条に次のような記述があります（『市史』第四巻一二五ページ）。

甲申（四日）廃摂津国河辺郡畦野牧、為牧馬逸出損害民稼

「河辺郡畦野牧」というのは、右に見た「小野」に置かれたものかもしれないですね。これは、律令国家が設置し運用していたいわば国営の牧場ですが、当初周辺には「公地」もなかったところ、この時期に至っては開発が進んで、牧場の馬が民の稼ぎに害を与えるようになっていたというのですね。開発の競合が進んでいたわけです。ちなみに、この畦野《うねの》地区の民の稼ぎというのが農業的な開発だとすれば、そこにおいて猪名川本・支流のどのような流れが灌漑用水として利用できるようになっていたのでしょうか。これもまた今後の調査が待たれるところです。

ところで、このような開発は、国家権力の側だけが進めていたのでしょうか。当時の史料に、為奈真人・川原公・久々智氏・神人《みわひと》（神人為奈麻呂＝能勢郡の大領）などの氏族の名前がみられること、さらに渡来系氏族も、楊津造《やないづ》・秦氏など見えていることも興味深いところです（『市史』第一巻二〇一〜二一三ページ）。彼らは、その名前からも推測できることですが、猪名川流域の各地を開発するとともに、相互の交流も進めていたようです。新名神高速道路の設置に伴う考古学的な発掘調査で、西畦野遺跡から古代の塩の保管器具が検出されていることも、このような地域の開発が、他の地域との交流なしには不可能であっ

たことを示しています。塩・木材など、地域特性による異なった産物の広域な流通、租庸調など貢納物の中央への輸送、人の行き来もあった。そこにおいて猪名川の流路はどのように利用されていたのか。各々の氏族のありようとともに、具体的な姿をぜひ知りたいところです。

さて、八世紀においてはすでに公地公民制は崩れ始め、荘園が広がり始めます。また、時代とともに、国家に統制された公民ではなく、自らの意思で農地の確保・経営に力を注ぐ人々が「田堵《たと》」のような形で出現すると言われています。川西市域では田堵の成長を具体的に示す史料は見つけ出されていないようですが、生産にいそしもうという農民たちの姿を集団行動の中で示したという天慶八年（九四五）の志多羅神の出現、その神輿も、川西市の南部を東に移動して行きました（『市史』第一巻三〇六～三一二ページ）。こうした中、川西市域の歴史にとって大きな意味を持つ源満仲の多田開発が始まるのです。

2 中世社会の展開と猪名川

多田神社と猪名川の流れ
神社境内は中央に見える石段を上った所から奥に広がり、
川からは相当の高さを保つ。川の流れは岩を喰み激しい。

（1）源満仲と多田盆地

源満仲の多田盆地開発

安和元年（九六八）源満仲《みつなか》が多田盆地に入り、その二年後の天禄元年（九七〇）多田院を建立します。源満仲については、そのお名前はみなさんよく御聞きになっておられることと存じます。南北朝期に『尊卑分脈』という系図集が集成されていますが、これによれば、彼は清和天皇―貞純親王―経基王と続く家系の中で、延喜一二年（九一二）経基王の子として生まれました。摂津国多田郡（注）に住んだので多田と号し、多田院を建立したとあります。また、その子孫には、武家の棟梁として名を成す多くの源氏の武将を輩出したことでもよく知られています（『市史』第四巻一五八ページ）。『尊卑分脈』に記載の生年から計算しますと、彼の多田入りは数えで五七歳の時でした（ただし満仲の生年についてはそれを疑うべきだとする意見もあります）。

（注）「多田郡」という郡名は本当に存在したのかは不明です。なお、地名としての「多田」の名前がいつから存在したのか、文献的に確定的なことはいえません。ただ、三条西家重書古文書に引用された「小右記」逸文の永延元年（九八七）八月一六日の条には、「前摂津守満仲朝臣、多田の宅において出家すと云々。同じく出家の者十六人、尼三十余人と云々」とあるので（元木泰雄『源満仲・頼光』、ミネルヴァ書房、二〇〇四年、六五ページ）、満仲の多田入部のころ、あるいはそのすこし後のころには「多田」の地名は存在していたと言えます。また、現

在も多田から少し東の平野《ひらの》に存在する多太神社《たぶとじんじゃ》は満仲が建立した多田院に遠慮して呼称を変えたと言われています。だとするならば、「ただ」という地名は満仲入部以前から存在していた可能性もあります。ただし、神社の改名が正しい歴史事実であったかどうか、史料を踏まえよく考えなければならないでしょう。なお、これらよりも二百年ぐらい後の源平合戦のころ以降になると、大江広元奉書案のなかに「た丶のくら人（行綱）」と出てくるなど（『市史』第三巻二七六ページ）、多田の名前はしばしば文献に登場します。ですから、このころになると、多田の名称については、もはや社会的な認知は動かしがたく確立していたというべきです。

当時、多田の地は畦野などとは違い、農業的な観点からは開発の手が十分には及んでいない、どちらかと言えば荒地あるいは原野でした。これは、ここまでいろいろ説明してきたことでご了解いただけることと存じます。ただ、『川西市史』では、これとはちょっと認識が違っているようです。すなわち、『市史』では当時の多田地域について、「（そこは）『多田院縁起』や各種説話に記されているように、大きな湖水であったり、あるいは一面の山林原野であったわけでもない。律令制下の郷がおかれ、条里制の存在も推定されているように、律令制下に公田があり、人々が生活していた」（『市史』第一巻三三四ページ）と記載されています。

たしかに「湖水」というのはオーバーです。また農業的な開発も一部にはあったかもしれません。しかし、多田の地に公田があり、人が住んでいたと言うのはいかがでしょうか。史料的には確認できないことではないでしょうか。事実、律令制下の公田というのは、多田盆地にまでは及ばず、現在の滝山地区よりも南部の、たとえば小戸地区以南などの沖積平野で見られていたものです。

では、京都に住んでいた源満仲は、老後の拠点としてなぜこのような農業的には未開の多田の地に目を付けたのでしょう。基本的には『市史』が言うように、彼の貴族としての地位と関係していたと考えるべきでしょう。すなわち、彼は、天皇の血筋を引いた貴族であったとはいえ、都では昇殿を許されない四位以下の低い身分にとどまっていました。だから、黙っていても諸国の荘園を手に入れ、中央の政治的な権力を動かすこともできる高位の貴族としてのふるまいからは遠かったのです。彼は、高位の権門勢家からの引き立てに期待し、それを実現させるための手段として武力を磨き、また一方ではせいぜい多くの国司を勤め、そこからの収入を増やし、それを権門勢家に寄進することで、中央での地位を安定的なものにするために努めざるを得ない身分でした。多田の地は、このような武門の貴族にとって、みずからの武力と財力を養う基盤として、すなわち私兵を養う場所として格好の地と見たのでしょう。しかも、以上に付け加えていうならば、当時多田の地は実質的に領主が不明あるいは不在の状態だったことも重要かと思います。すでに庄園として成立し、中央の権門勢家を本所としているような土地とか、あるいは国衙領に割り込んでいくことは、いくら武力をもっているとはいえ、それに伴うやっかいな紛争を考えると、困難だったからです。

彼は、摂津国司に任じられたこともあり、そのとき多田の地の存在も知ったのでしょう。もちろん、古代においても広がりつつあった地域間交流、その中で摂津国衙の置かれた場所にも猪名の山、猪名の川の存在、そして、それらに囲まれた多田の盆地についての知識も伝わっていたのでしょう。彼は、年齢もいったとき、基本的には農業未開発地だった多田盆地に家臣を引き連れ開発領主として入ってきたのですね。
ただし、満仲は多田入りしたのですが、その後、死ぬまで多田を出なかったわけではありません。言い換えると多田に土着したのではないのです。彼は、相変わらず京に屋敷をもち、京の公家との交流を続けています。多田入りは、軍事貴族としての力の向上を図るための行動という文脈の中で意味づけていくべきでしょう。

源満仲と猪名川

では、満仲は多田地域の開発をどう進めようとしたのでしょうか。またそのとき農業的な開発はどこまで意識されていたのでしょうか。
満仲の子で比叡山に登り僧となった源賢が多田で見たこととして、『今昔物語』に次のような記述があります（『市史』第一巻一五二ページ）。満仲の多田でのくらしの有様がよくうかがえます。

己が父の有様を見給ふるに、極めて悲しき也。年は既に六十に余りぬ。残の命幾《いくばく》にあらず。見れば鷹四五十を繫て夏飼せさせするに、殺生量りなし。鷹の夏飼と云ふは、生命を絶つ第一の事也。亦河共に簗を打しめて多の魚を捕り、亦多の鷲を飼て生類を食しめ、亦常に海に網を曳かしめ、数多の郎党を山に遣わし、鹿を狩せしむる事隙なし。此れは我が居所にして為る所の殺生なり。

これは、僧侶としての源賢が親である満仲の行為を嘆いている文章ですね。源賢は当時の宗教家として親の殺生を問題としているのですが、荒野に入った開発領主としての行動という観点からは、逆に、なるほどもっともだと言えるところが多々あるのではないでしょうか。文中「海に網を曳かしめ」というのは、彼の居所の位置から考えて疑問ですが、川を漁労の場として活用し、鹿など山の動物を狩りするというのは、まだ農業的な生産基盤が未確立な中、猪名川本流やその支流、あるいは山林の条件をうまく利用している情景ではないでしょうか。

そもそも、満仲にとって多田の地を流れる猪名川はどう位置づけられていたのでしょうか。『市史』には「多田は用水の便が良かった」（『市史』第一巻三四一ページ）と強調され、あたかも猪名川の水が簡単に農業用水に転化できたような印象を与えています。しかし、実態はどうだったのでしょうか。

地理をご存知の方はよくご理解いただけるように、猪名川本流は、一庫《ひとくら》大路次《おおろじ》川と合流するあたりから東西の段丘を深くえぐって最初南流し、やがて方向を東に変えて多田盆地内を力強く流れていきます。平水時における川幅はまださほど広くないとはいえ、この本流に井堰を作る場所を定め、そこから緩やかな傾斜をつけた水路を開き、灌漑用水とすることは相当の技術、知識そして資力を要することです。これは源満仲の力をもってしても簡単な工事ではなかったはずです。しかも、いきなりそのような大土木工事を行う必要性を彼は、そもそも、どこまで感じていたのでしょうか。そのような開発を行ったのなら、いろいろな伝承が残り、記録や土地にも痕跡が残るものです。しかし、そうしたものはいまのところ見当たっていません（注）。

（注）現在、多田神社の西側の本流に井堰を設け、そこから多田院・新田・東多田に流した水路跡がありますが、後で検討するように、これは早くても室町時代、おそらくは、ずっと後世の工作物と考えるべきでしょう。なお、『多

田院縁起』などに記されている大蛇の伝説、また湖水の水が引いたという伝承、これらは、いずれも、多田盆地の農業用地化を語っていますが、この『縁起』自体、多田地区が農業地域化したずっと後の世の作であることに注意しておきたいと思います。

満仲が多田入りした当時においては、農業的開発を絶対視していたのではなく、狩猟や漁労といった活動も生産的活動として、また軍事的訓練としての意義もそこに付与しながら行われていたと考えるべきでしょう。むしろ、灌漑用水という点では、この本流に流れ込む様々な小河川の利用こそが当面の課題として位置づけられていたというべきかと思います。もちろん、池の利用も考えられたと思います。だから、猪名川本流の意味は、おそらく軍事的な防御の視点、狩猟・採取の視点、交通・輸送の視点、これらを総合的に見るなかから見つけ出すべきでしょう。

一方、満仲が行った多田の開発については、「儒林拾要」(『続群書類従』所収)に、検非違使からの命令として、「満重《ママ》はほしいままに私の武威をふるい、近隣の公人・平民を殺している」(『市史』第四巻一五七ページ)とあることが注目されます。これは、このころ多田の近辺、たとえば畦野《うねの》や平野《ひらの》などがそうかと思いますが、農地として開発されていた土地も、耕作者も、それを私的な武力をもって侵奪しながら自らの経営を伸ばしていった人物のことを述べている文章でしょう(注)。

(注)「満重」を「満仲」と解釈することについては、元木泰雄氏の批判があります(元木泰雄『源満仲・頼光』(ミネルヴァ書房、二〇〇四年、七四~七六ページ)。氏は、「満重をただちに満仲とみなすことは困難」としつつ、また、この事件は満仲の時代よりもかなり下った時代の出来事ではないかと推測されておられます。しかし、同時に「満

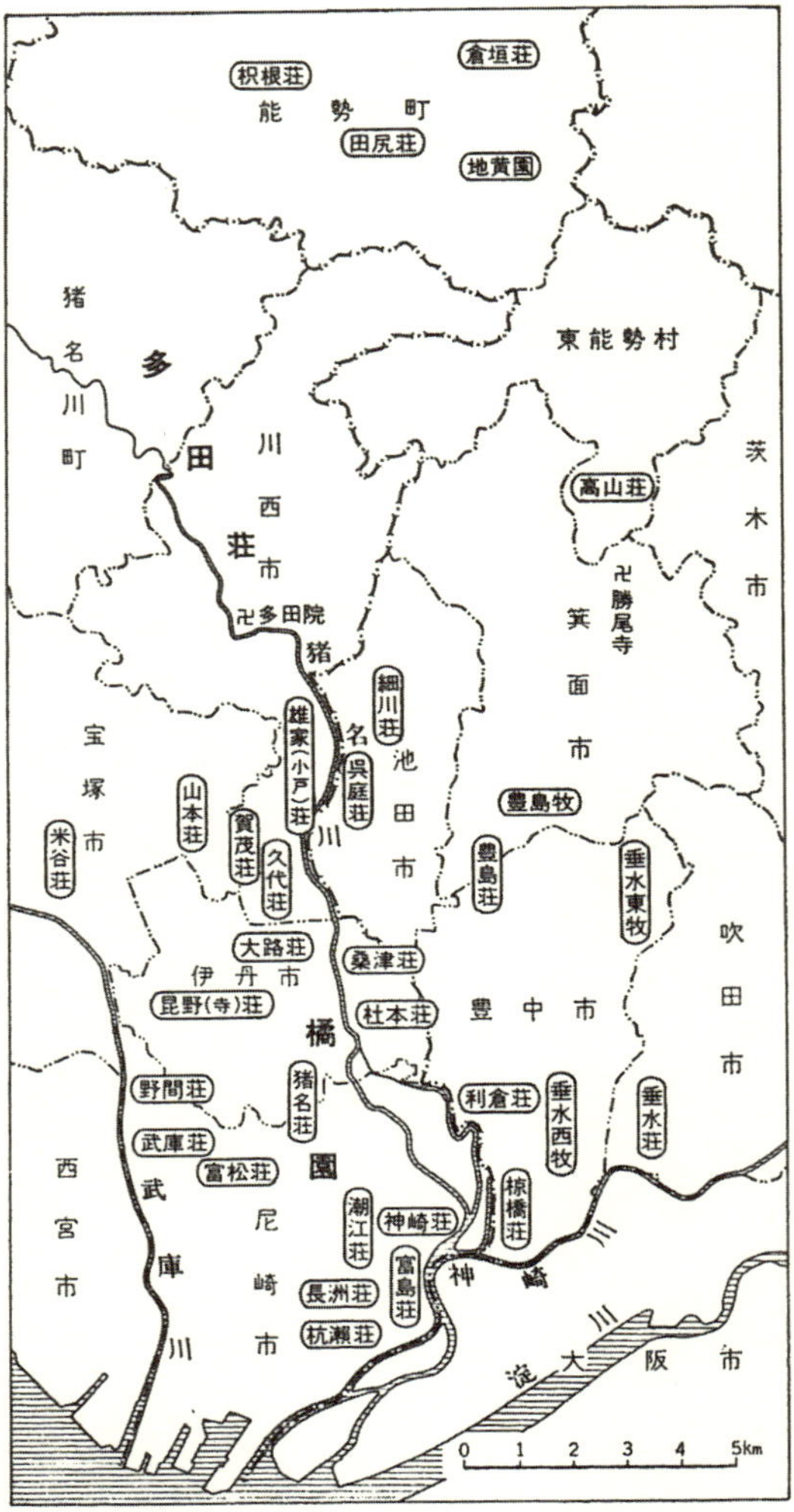

猪名川流域の荘園分布図（『川西市史』第１巻・336頁）

仲の段階から存在したであろう公権力からの自立性を具体的に示す史料として貴重なものと言えよう」とも述べておられます。

満仲は武人としての実力を背景に、影響力の及ぶ範囲の田堵《たと》などをすべて従属させ、彼等や郎党の者を使って川や山といった自然の恵みを享受しつつ、荒野を可能な地域から農業的に開発し、一方では暴力的な手段も行使しつつ領地化の進展を図ったのです。それは、一面では、長尾山地の東や南側の地域で広がり始めていた細河荘・呉羽荘・雄家（小戸）荘・賀茂荘・久代荘・山本荘、あるいはまた能勢地域の各庄園などと並ぶ荘園形成史の一環でもあったわけです。

満仲と銅山の開発

ところで、銅山の存在を満仲は知っていたのかという問題があります。この点『川西市史』は否定的です。すなわち、長暦元年（一〇三七）「摂津国能勢郡、初めて銅を（朝廷に）献ず」（百錬抄・扶桑略記＝『市史』第四巻一六六、一六七ページ）との文献史料上の記述をもとに、満仲の多田入り前に銅山の開掘はなかったと判断すべきだとされています（『市史』第一巻三四八～三四九ページ）。

おそらくこの見解が正しいのだと思います。実際、満仲が銅山を知っており、はじめから開発をもくろんでいたのであれば、この点でももっとなにか史料として残るものがあると思われますし、今まで見てきた史料にも何ら記述はありません。この点について言えば、『市史』では、史料に基づいて史実を確定するという、大事な原則が確認されているように思います。なお、右の年にあった銅山の開掘は満仲の率いた一統の行動の中から生まれたものか、それとは関わりのないところから生まれたものか、興味あるテーマと思いますが、今のところ、よくわからないという以外にありません。

住吉神社の神のお告げについて

満仲の多田入りに関し、最後にもう一つ指摘しておきます。それは、住吉神社の神のお告げというものについてです。

『尊卑分脈』よりもずっと後（多分江戸時代でしょう）に書かれたと思われる『多田院縁起』には満仲多田入りについて、次のような説明が行われています（『市史』第四巻一五〇ページ）。

其後御歳五十八歳、安和元年花洛辞、住吉社有御参籠、而蒙明神之霊夢給、其瑞相云、吾可放白羽之鏑矢、任此矢汝可住云々、然御鏑矢至多田之庄、此所深山遠外、湖水湛内、爰九頭大蛇住、満仲彼（被）対治、而多田庄成七拾二村、自夫名多田満仲（以下略）

この文章は、その書き方からしても、また「多田之庄」とか「七拾二村」といった表現からみても、かなり後世の状況を前提にしています。つまり、後世につくられた伝説です。この点はしっかりと確認しておいてください。ちなみに、「多田庄（荘）」という表現も、満仲時代に使われていたのかどうかは分かっていません。「多田庄（荘）」の文献的な初見は「台記別記」（藤原頼長の日記＝『市史』第四巻一七〇～一七二ページ）です。仁平三年（一一五三）藤原頼長が春日社に参詣したおり、「多田御庄」からも供の者の食事である「頓食《とんじき》」を供出したというのです。つまり、このころまでに多田庄は摂関家に寄進されたことが示されています。武力をもって鳴らした源満仲の開発からは百数十年、ずいぶん後の時期になっています。早めに指摘しておきますと、このころには、多田庄といえども権威のある中央の権門勢家にそれを寄進しておかなければ、安泰ではなかったのですね。

さて、それは置いておくとして、この鏑矢《かぶらや》の伝承について一つ指摘しておかねばならないことがあるということです。実際、鏑矢の話はよく知られており、いまでも川西市内では何度か耳にされた方も多いと思います。しかし、伝承というものの常で、現代でも勘違いをときどき生じさせているようで、住吉神社から鏑矢を射たのが満仲であると思っている方も多いのではないでしょうか。江戸時代後期につくられた『摂津名所図会』も、「満仲公…鏑矢を北方に射給ひ」と記載しています。しかし、これは『多田院縁起』の読み間違いですね。この『多田院縁起』をしっかり読めば、夢の中に出てきた住吉の明神が鏑矢を射て、この矢のあるところを探して、そこに住めと満仲に言っているのですね。たしかに鏑矢が神の意思を示しているのならば、それはやはり神が射たとすべきでしょう。満仲は神が射た鏑矢を探して行くのです。

ただまあ、いずれにしてもよくできた話だと思います。古代における猪名山の木材とのかかわりを語っている『摂津国風土記逸文』や『住吉大社神代記』の記事と、武人満仲の人となり、そして未開発地だと認識されていた当時の多田盆地の状況をうまく結び付けています。

(2) 多田庄支配の変化と多田院の荘厳化

多田院御家人の成立と北条泰時の支配

さて、満仲の時代には別天地でもあると思われた多田庄も、歴史の大きな流れと無関係でいることはできませんでした。先ほど見たように、摂津源氏は遅くとも満仲以後百数十年後までには摂関家に多田庄を寄進しています。おそらく、摂津源氏の当主は、いつのころからか国衙の介入に対し権門勢家の力を借りてその安泰を図るようになっていたのでしょう。事実、多田庄は、こののちその支配のありようをいろいろと変化させていきますが、室町期に至っても近衛家を本所とする体制は継続しています。

一方、多田院と多田庄の支配については、源平合戦以降、幕府との関係が強まってまいります。まず、元暦二年（一一八五）源頼朝は、源平の戦いを制した後、多田源氏の当主多田行綱を勘当し、追放します。そして、多田庄を腹心の大内惟義に預け、行綱に近かった者を除き、他の多田の武士を頼朝の御家人として安堵しました。すなわち、多田の地において満仲以来二百年以上続いた摂津源氏の嫡流がここに途絶え、鎌倉幕府の支配下に置かれることとなったのです。

さらに、そうこうしているうち、承久三年（一二二一）承久の変があります。このとき上皇方に立った大内惟信（惟義の子）と多田基経（行綱の子）が追放されると、多田の庄も没収され、かわって鎌倉幕府の柱である執権北条泰時による直接の多田庄支配が開始されます。このとき、改めて多田院のこと及び多田庄庄務のことについて幕府は重大な決定を行い、新たな体制を構築しました。これまで多田源氏の嫡流に従っていた旧家臣の者たちは、鎌倉幕府への忠誠の有無に従い、執権によって一町歩の田地を給せられ、多田院を警護する役割が与えられたのです。いわゆる多田院御家人制の始まりです。また、多田院は源氏の始祖の創建した寺院であり、諸国源氏の霊域であり神廟であるとされます。そして、その維持のための経済的基盤としての多田庄の経営、それに協力すべき地域として加納の庄の設置、そして多田院領の設置など種々の措置が講じられることとなるのです。

多田庄の区域がこのころ確定されたかどうかは不詳ですが、山手年貢（山手役とも言います）をかけることのできる範囲（加納）として正元元年（一二五九）多田院と枳根庄《きね》との間で紛争になったとき、多田院側には多田庄のほか権門領二〇ヶ所の支配を認めるとの幕府の裁許が下っています。ここに多田庄に特別の保護が与えられていたことが示されています。また、南北朝期になりますが、多田院の修復に充てるために多田庄と加納の村々から段銭《たんせん》を徴収した記録が残っています（四六～四八ページ参照）。鎌倉幕府の成立以降、多田庄の在り方には、本所として近衛家をたてることに変わりはありませんでしたが、その内実においては、大きな変化が生じていたのです。

忍性による多田院修復事業

ところで、鎌倉時代以後の多田院と多田庄の変化を見ていくうえで、真言律宗の高僧忍性《にんしょう》およびその師匠である叡尊《えいそん》が指導した多田院の全面的な改修事業、そしてそれを通して広められた諸国源氏の祖廟としての共通認識の確立と広がりを知っておくことは大事なことだと思います。

鎌倉極楽寺長老であった忍性が、多田院別当職と本堂勧進職に幕府から任命されたのは建治元年（一二七五）十月のことでした。これは、彼の前任者である勧進聖《かんじんひじり》恒念の活動を引き継ぐ形で命じられたものでした。多田院から多田庄政所にその事実を伝達する文書が残っています（『市史』第四巻二八九ページ）。もっとも、忍性は鎌倉を出ることはできなかったのですが、積極的な指示をいろいろ出しています。

忍性の指導によって工事は進められ、弘安四年（一二八一）には本堂完成を祝う曼荼羅供養が師の叡尊を導師に晴れやかに行われました。また、このとき忍性は方一〇町の殺生禁断を命じ、多田院の尊厳を内外に示しました。しかし、本堂屋根の上葺と仏壇は未完成であり、三重塔の建造も求められていました。

忍性は、これらの工事が遅れている理由に庄園からの年貢の未進があることを指摘しています。正応五年（一二九二）には、朝廷に対し本堂以下の修復料として摂津国など八ヶ国から一〇文の棟別銭徴収を求め、翌年許可されています。また、永仁元年（一二九三）には多田院修復のための材木運搬の人夫は、年貢別納の地も不輸の地にもすべて課すこととされました。ちなみに、このとき材木の運搬はどのように行われたのかも気になります。この点では当然、猪名川とその支流の存在を考慮する必要があるのでしょうね。また、永仁六年（一二九八）には向こう三ヶ年の間多田庄の年貢すべて修造料に充てることとされています。多田庄の持つすべての力がこの事業のために注ぎ込まれたと言っていいでしょう。

忍性は、新田の開発にも意を注いでいます。少し前後しますが、弘安二年（一二七九）と推測されている三月二十八日多田政所に充てて出した書状には次のように書かれていました（『市史』第四巻二九一ページ）。

多田新田可被開発候、執事之状道性御房之沙汰にて申成候、御上洛候者、早々可被取始候、道性御房随分ニ御秘計候テ、如此事行候条、真実ニ悦入て候、此儀候ハすハ、当時無沙汰ニ候ぬと存候処ニ、返々此事悦入候、恐々謹言

（弘安二年）
三月八日　　　　　　　　忍性（花押）

謹上　多田政所殿

忍性が「源氏の祖廟」多田院の造営に掛けた思いには大きいものがあったのです。庄園からの収入増をはかるため、新田経営も重要な位置づけが与えられたことが分かります。

忍性は、嘉元元年（一三〇三）鎌倉で死去しましたが、造営事業はその後も引き継がれ、正和五年（一三一六）には三重塔・常行堂・法花堂の落成があり、元徳三年（一三三一）には南大門の完成供養も行われました。ここには、現在満願寺に移されている力士像が安置されることとなりました。

忍性は、先にも述べましたが、事業推進の一つの隘路が財政的な問題にあることを見抜いていたのですね。一方、この多田院再興工事のため、その経済的負担に耐えられるよう、多田庄やその周辺に存在する加納の庄園等の生産力増大も目指されました。この時期以降、多田荘の開発地が拡大し、猪名川およびその支流域を中心に新田村が形成されていったことが後で見る史料でも確認されていますが、大事なところかと思います。

なお、農業生産の増大という点では、鎌倉中期ごろから施肥の普及が始まっていたことも見ておきたいと思います。現在吹田市に属する垂水東牧荘官は「山の芝をとり、焼いて灰を田に入れて肥料とせよ」と指示していますが、このようにして二毛作田の拡大が進み、農民も成長していったのです。農具類も進歩し、そうした農具を形成され始めた市場で入手することも貨幣経済の進展とともに見られたことが指摘されています（『市史』第一巻四〇四ページ）。

（3）村々の形成

中世史料にみる多田庄村々の成立

さて、忍性の活動紹介の前に少し示唆しておきましたが、多田院の修復に充てるために多田庄と加納の村々から段銭を徴収した南北朝期の記録について検討していくことにします。

まず、永和元年（一三七五）「諸堂造営棟別《むなべつ》郷村注文」からです（『市史』第四巻三五六～三五八ページ）。全体に長い記録ですが、今も続く村名がずらっと出ていること、村名の後ろには家数が掲載されていることにも注目してください。文書の形は少し改変しました。

多田院諸堂造営棟別郷村注文事
　法花堂　常行堂　地蔵堂
多田郷　除多田院寺領定　三百七十九家　差久見村九十家　肝河村六十家　広根村百廿五家　切畑三十一家　玉瀬村三十一家　大原野村百三十二家　西長谷六十五家　波豆村百四十四家　木器村九十五家　槻瀬郷八十八家　波豆河郷九十七家　佐曽利郷百四十九家　六瀬村四百五十六家　木間生村十九家　木津村七十九家　万善村十五家　対津村三十三家
　以上十七箇村　二千百十八家　二十貫七百七十文
　　政所奉行富松九郎家仲

寺家奉行教道房
石道村三十九家　筌野村九十八家　栢梨子村三十九家　北田原村五十三家　南田原村四十五家　紫合村四十八家　大井村七家　槻並村九十三家　横尾村十九家　能勢長谷六十七家　植椙村二十三家
民田村九十四家　阿子谷上下百四家　原郷上下百十二家　内馬場村九家　一庫郷百六十一家
佐々部村東西百三家　東畝野百三十七家　西畝野村百十一家
以上二十一箇村　千三百六十七家　十三貫六百十七文
政所奉行今北宮七
寺家奉行髄勝房
一、多田加納村々
細河庄五ケ村　三百九十五家　不死尾久安寺領苦脇　七十六家　賀茂村百三家　小戸庄東西　百三家　山本庄百廿一家　米谷庄二百四十家　丹後脇栄根寺領　二十家　西畑栄根寺領　五十六家
以上八箇村　千百十四家　十一貫百四十文
一、枳禰庄
但被入使者、雖然料足二貫文、自政所沙汰給了
一、保野谷　横大路　黒河　頸﨑
以上惣都合銭伍十貫七十三文
右注進　如件

永和元年乙卯□月廿五日

最初の二グループが多田庄に属する村々と考えていいでしょう。もっとも初めに出てくる「多田郷」というのが本郷で、この中にはいくつかの村が形成されていたとみるべきです。それを一つとして、この二グループに書き上げられている村は全部で三八ヶ村、ただし、上下・東西とあるのを一つずつと見れば、四一ヶ村となります（「郷」も「村」としました）。家数は合計三四八五家。満仲の時代から見ると、多分何倍、あるいは十倍にも当たるような相当な増加と見るべきでしょう。このうち第一グループは多田本郷を除くと、中谷と西谷、すなわち現在の猪名川町と宝塚市域に属する地域、第二のグループは東谷と中谷それに能勢の一部、すなわち現在の川西市・猪名川町そして能勢町の一部と、概略的に括っていいように思えます。多田庄あるいは多田院の賦課金徴集区域は、このほか、「加納の村々」八ヶ村および枳禰《きね》庄その他があったわけです。

惣村の成立・発展

つぎに、「多田庄段銭結解《けちげ》状」（文明一八年＝一四八六）について検討してみましょう。ここでは、もとの記録は一つ書きをした村名・郷名の後ろにそれぞれ面積（何町何段何部）「現地同上」「納分何貫何文」などと記載されていますが、煩雑となるのでそれらを省略し、村名・郷名のみを記載しておきます。また、「新田方分」の村名のなかで、最初のグループにも挙げられているものについては傍線をつけてわかりやすくしておきます。これは、本田の村の中にも新田が広げられていたことを示すものです（『市史』

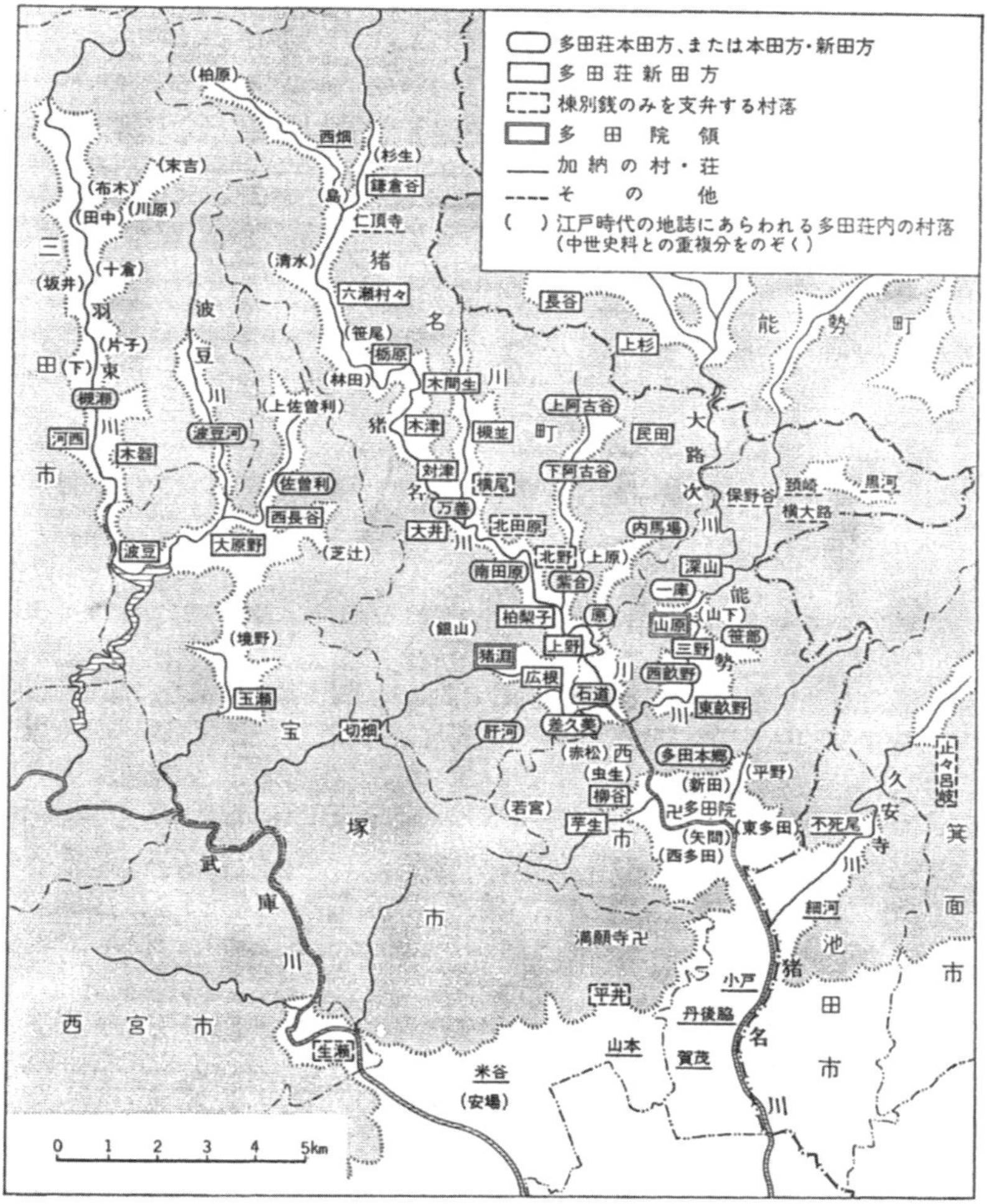

多田庄の村々分布図（『川西市史』第1巻・462頁）

第四巻四〇九ページ)。

摂津国多田庄段銭結解状事

合段別七十文宛　御要脚段銭

多田郷　佐々部村　西畆野村　石道村　肝川村　差久見村　一庫郷　原郷　内馬場村　上阿子谷郷

下阿子谷郷　紫合村　南田原村　万善村　佐曽利郷　波豆河郷　槻瀬郷

新田方分

多田郷　芋生村　柳谷　差久見村　太蕨村　筌野村　広根村　西畆野村　東畆野村　栢梨子村　三野村　石道村　木器村　玉瀬村　笠谷村　原郷　内馬場村　深山分　上阿子谷　民田村　殖杉村

槻並村　能勢長谷　太井寺　紫合村　南田原村　六瀬村　枥原村　鎌倉谷　木津村　万善村　対津村　木間生村　西長谷　波豆村　大原野村　丹後脇　河面村　米谷村　清澄寺領　満願寺領　栄根寺領　山本村　木器村　西長谷　六瀬　忍頂寺　槻並村　南田原　北田原　波豆地頭分・本所分

大原野地頭分　小戸庄　米谷庄　山本庄　木津村地頭分　天王寺

(以下省略)

ここでは、すでに述べたところですが、まず多数の「新田」が掲げられていることに注目してくださ い。今もある村がほとんどですが、わからないところもあります。ただし、今もある村といっても、地理的に今の位置と重なるものかどうかはわかりません。ただ、「新田」とされている村が多数存在していること、それらが、旧村と交錯するように猪名川とその支流に沿って広がっているらしいことは述べておいてもいいでしょう。鎌倉時代後期から南北朝期そして室町時代にかけて農業生産の増大が求められる中、多田庄とその加納の庄の中から村々が成立し、おそらく、猪名川とその支流に沿う小さな平地を中心に開発が進み、農地が広められていることが確認できるのではないでしょうか。ようやく、くらしあるいは生産の中心として山勝ちな多田庄の中でも農業が位置づけられてきたのです。

もちろん、多田庄村々がこうして成立し、生産力を伸ばしてくるについては、一つには忍性の事業推進の項で述べてきたように、荘園領主側の働きかけがあったことは間違いありません。これは大事なポイントです。しかし、同時に、そこには村々の側から自らを形成しようとする力も働いていたことを見ておきたいと思います。

もっとも、村の内部構造を知る史料は見当たっていませんので、この点について明確に述べることはできません。ただ、領主側の働きかけに対する行動の記録の中に、主体としての村の成長・成熟を推測させる事実がいろいろ見えていると『市史』第一巻では記述されています（『市史』第一巻四六七～四七六ページ）。ちょっと紹介しておきましょう。

応安元年（一三六八）には、玉瀬・大原野（いずれも宝塚市）が村民の逃散で棟別銭を徴収できなかったことが記録されています。また、正長元年（一四二八）近江で日本最初の大土一揆が起こったこと、村民の一致団結が見られたことは有名ですが、多田庄内でも、永享元年（一四二九）「寺領内の百姓浄法以下の輩の事、徳政と号し狼藉致し云々」という記録が残っています。これらは、まさしく村を単位とする結合・組織の成立＝惣村の成立を物語るものです（『市史』第四巻三七八ページ）。

この時期、川西市域においても惣村あるいはそれに近いものが成立し始めていたのです。惣《そう》とは、一般的な説明によれば、農業生産に不可欠な山野・用水などを荘園領主の支配に代わって共同して管理する自治機関であり、闘争組織でもありました。惣には構成員のアイデンティティを確認するものとしての鎮守社があり、執行部（乙名・年寄など）があり財産や規約を持っていました。数十戸の規模が普通であり、作人層の成長がみられます。惣は、戦国期の久代《くしろ》庄に見られたように、自ら年貢や棟別銭などの徴集を行っています。また、文亀二年（一五〇二）山原《やまのはら》村と一庫《ひとくら》郷との紛争にみられるように領域をめぐって隣村と争うこともあったようです。

用水の広がりとその管理

村々の生産力増大において用排水施設の確立は不可欠です。この時期における田地の寄進状などには、その場所を示す文言としてしばしばこれに関する記述がみられます。少し例を挙げてみましょう。元亨二年（一三二二）の「姫松女田地売渡状」には、合わせて五五歩の地について「多田院内たかつめの井手ノ門」とあります（『市史』第四巻三一八ページ）。「井手《いで》」とは水路を指す言葉ですね。

同年の高岡基行請《うけ》状には「くつをかたにのいけハ、むかしよりもとやす名・ともやす名ならひニ寺内れうすにて候を、きんねん《(近年)》いけのつゝみ《(堤)》やふれ《(破)》ていたつら《(徒)》ニ候つれとも、たゝのいん《(多田院)》よりもとのことく《(如)》こうきやう《(興行)》せられ候うゑハ、ゆめゆめしさゐ《(仔細)》申ましく候」とあって、「池」とか「池の堤」という構造物が記載されています（『市史』第四巻同上）。

応安元年（一三六八）の「比丘尼妙田地売渡状」には土地の四至《しいし》の表示において「限西ミソテ、限南イテノクチ」とあります（『市史』第四巻三五二ページ）。「溝」と「井出」が記載されていますね。また同年の「馬三郎田地売渡状」には「限南みそ、限北みそ」とあります（同上）。永享一三年（一四四一）の「塩川秀仲田地寄進状」には、「北ハ限溝」とあります（『市史』第四巻三八一ページ）。そして、享禄四年（一五三一）の「御廟所夜燈田田数目録」には「夕田川井」との記述が出てきます（『市史』第四巻四四八ページ）。夕田川とは「紫合川《ゆうだ》」の意味だと考えていいでしょう。おそらく猪名川の支流でしょう。そこに井水の施設が設置されていたのですね。

これらは、あきらかに水利施設の存在を語るものです。鎌倉後期以降、村々の新開発、生産力の増大は、こうした施設の普及と並行していたことを見ておきたいものです。

水利に関わるこれらの施設は村の施設としても大事にされたことは、疑いないことでしょう。ただし、用水の管理については村の管理を示す史料は見当たりません。逆に領主の管理下にあったことを示す史料の方があると言われています（『市史』第一巻四七一ページ）。実際、さきほどの高岡基行請状には池の管理者として多田院が出てきています。また、応安元年（一三六八）多田院寺領の平井村にある用水歳振井から山本庄の名主・百姓らが水を盗むという事件が起きたときには、多田荘政所沙弥某は「この用水は昔から満願寺進止の地であるから違乱があってはならない」と下知しています（『市史』第四巻五〇一ページ）。もっとも、歳振井の例では、山本庄の名主・百姓等も水をほしがっていることは明らかです。このところもまた大事なところでしょう。管理権は領主が握っていたとしても、村も同じように水の管理を望んでいたことがわかるからです。ちなみに歳振井とはどこにあったのでしょうか。これも、知りたいところです。

なお、貞治二年（一三六三）源仲房が多田郷内一樋《いち(の)ひ》にある茶園一所を多田院に寄進しています。この記録は、まず茶という商品作物の栽培地が多田庄内に広がり始めていたことを示しているという点で興味を引きます。しかも、その所在地が「南は大河を限る」とあって、この一樋というのが、どうやら猪名川本流に近いところにあるようなのです。もし事実とすれば、これは大変興味深いことです。すなわち、一樋とは、農業水利に関わって構築された猪名川本流最初の構築物ということになります（注）。

芋生川にある取水口
中世にもこのような川の突き当りを利用した簡易な取水施設が作られ始めていたのであろう。なお、これはイメージであって、ここに見える樋と水路が中世に作られたというものではない。

（注）『市史』第一巻四七五ページにはこの一樋とされる取水口の写真が写っています（ただし、現在は廃止されて存在しません）。もし猪名川本流にかけられた井堰に関わるものとすれば、この井堰については、戦中から戦後にかけてその近くの淵で水遊びをしたという方の見聞談を聞くことができました（後で紹介する滝花氏）。それによれば、この付近の猪名川は、一庫《ひとくら》ダムができるまでは川に計画的な放流がなく、平水時は今よりも水量が少

なかったこと、井堰は季節的に構築するものであって、頑丈なものではなく、恒久的なものとは言えなかったことなど、大変興味深いものでした。しかし、この樋と用水路がここでいう一樋なのかどうかは伝わっておらず、判断のしようがありませんでした。

それからもう一つ、川や水の話ではないのですが、話のついでなので、ここで指摘しておこうと思うことがあります。それは、先ほどの田地譲状などのなかに、やはりその場所を示すものとして「大道」という文字が時々出てくるということです（例えば「僧頼慶田地売渡状」『市史』第四巻三三二ページ」、「寺倉師秀・海老名忠信連署打渡状」『市史』第四巻三四三ページ）。おそらく、多田院へ参詣するとき、あるいは多田庄公文《くもん》などが年貢や軒別銭等を徴収しに行くとき、そして、商品の販売に関わって人々が移動するときなどに使うものとして、この時期つくられ始めていた長距離移動用の道路、すなわち後に街道と呼ばれるようになる道路の出現を示しているのではないでしょうか。そのような道が、当時出来始めた村々、そして、村々と多田院あるいは都、そしてある時には各地の市場などを結び付けるものとして、さまざまに造られ始めていたのですね。こうした道が具体的にどこに、どのように造られていたのか、どのように管理されていたのか、それらの実態は川西地域についてまだ不詳ですが、今後調べていきたいところです。

鼓滝について

最後に、余録として西行法師に関わって鼓滝《つづみがたき》についての興味が室町期に生じていたことを少し指摘しておきたいと思います。

西行法師が旅の途中歌を詠みに鼓滝を訪れ、夢に出てきた老爺らに自作の歌の添削をされ、自分の未熟さを恥じ、ますます歌の道に精進するようになったという話があります。よくできた話で、川西市のホームページにも記されていますし、落語のなかでもしばしば高座にかけられているようです。川の近くには歌碑までできています。あまり何度も見かけますから、事実と思い込む方も多いのではないでしょうか。また、この鼓滝とはどこか、今はどうなっているのか追求する方もたくさんおられます（山田裕久『川西の歴史散歩』川西書店協同組合、一九八五年、に「摂津名所の『鼓ケ滝』」と題する興味深い論考があります）。

作られた「西行の歌碑」
「音にきく鼓が滝をうちみれば川辺にさくやしら百合の花」と刻されている。銀橋東詰め交差点に建つ。

ちなみに、西行法師は本当に鼓滝を詠んでいるのでしょうか。また、詠んでいるとしてそれは正確にはいかなるものなのでしょうか。彼の代表的な歌集である『山家集』を見てみましたら、千数百首あるなかに出てまいりません。『新古今和歌集』にも『千載集』にもそれらしい歌を見つけ出すことはできません。また、西行伝として後世につくられた『西行物語』にも出てきません。

実は、これは能の「鼓滝《つづみのたき》」に由来するもののようで、一五世紀には脇能として知られた作品でありました。天皇の臣下一行が都に戻るとき、山賎の老爺に会い、ここはどこかと尋ねる臣下に、彼は「鼓の山」と答え、さらに「鼓の滝」に案内します。翁は「津の国の鼓の滝をうちみればただ山川のなるぞありける」の歌を教え、自分は滝祭りの老人だと明かして滝つぼに消える。そして滝祭りの神が姿を現し、様々な舞楽を奏して天皇の御代を寿ぐという筋です（以上は石井倫子「鼓滝と中世有馬」『国分目白』四九巻、二〇一〇年）。

これがいつのころからか西行の作とされ、鼓滝とはいずれの滝かという関心が生じてきたのですね。もとは肥後の国辺りを念頭に置いていたようなのですが、ちょうど都人に有馬温泉への関心が高まり、有馬温泉にある見事な滝に比定されることが多くなっていたのですね。ところが、多田にもあるという説がやがて出てくることになったのです。今回猪名川の歴史をまとめるため『川西市史』第四巻（考古・古代・中世史料）に目を通しているとき、次のような記録が史料として採用されているのが目にとまりました。すなわち、京都相国寺蔭涼軒主の公用日記である『蔭涼軒日録』文正元年（一四六六）閏二月十五日の条です（『市史』第四巻二一九ページ）。

此方鼓瀑有二、西行法師所詠歌者、指多田之鼓瀑也

これは、日記の作者が有馬温泉を訪ねて湯浴みをしていた折、ふと記したもののようなのですが、この辺りには鼓瀑はふたつあるとし、西行法師が詠んだ歌は「多田の鼓瀑」を指すのだと言っています。「瀑」という字は、「滝」と同じ意味でもあるし、水がしぶきを上げる様、沸き立つ様を表現するものでもあります。ここで初めて鼓滝と多田そして西行法師とのかかわりが文献上に出てきたのですね。いったい作者は多田のどこの滝をイメージしていたのでしょうか。

室町時代、多田院は都の人びとの興味をひく施設になっていたこと、また、そこに向かう道はいくつかできていたと思います。平井の庄を通り、今最明寺滝といわれる滝の上部を抜ける道がその一つです。室町時代から江戸時代前期には結構メインなルートだったと思います。だから、ひょっとすると、この最明寺滝を鼓滝に比定したのかもしれません。それは思いもよらないと思われますが、あながちありえない話でもありません。それから、山を越えるルート（阿古坂）、そしてもう一つは、難所でしたが、猪名川の沿岸を遡って現在能勢電車の「鼓滝駅」の近くにある峡谷を抜けるコースの三つです。これらのコースは、おそらく満仲の時代から多田への入り口あるいは出口として特別な関心がもたれていたものだと考えていいでしょう。そして、第二のコースには滝はありませんので、明らかに除外できますが、あとの二つはいずれも谷があり滝または岩をはむ急流があります。

蔭涼軒のあるじは、いずれをイメージしていたのか明確にはしていません。というか、具体的に見ているわけではありませんので、出来なかったのでしょう。しかし、やがて鼓滝と言えば猪名川本流の、今の鼓滝駅近くをもっぱら指すようになったのでしょう。これはいったいどんな人びとによって、またいつの頃始まったのでしょう。改めて調べなければなりませんが、いずれにしても、戦国時代に入る直前のころ、都の人びとにも多田への入り口に滝ないしは川水を湧き立たせるような急流があること、そこを名所とすべきことの意識が生じ始めていたこと、しかも西行法師と関連付けられて知られるようになっていたことは覚えておいていいのではないでしょうか。これは、猪名川本・支流に対する主観的な芸術的感情移入の形成史として押さえておきたいところでもあります。

古代・中世を振り返って

いままで、古代・中世における猪名川の、川西市地域に対する存在意義について、農業開発という点を中心にみてきました。その結果、中世鎌倉時代後期頃から新田開発が目指されるようになり、山間部の多田地域においても、また小戸《おおべ》庄・賀茂《かも》荘・平井庄・久代《くしろ》庄など現在の市域南部においても、小規模な水利施設が徐々に増えてきていたことが分かってきました。池の構築といい、川からの井水溝の新設といい、川の流れに対する積極的な働きかけの意識が領主階級にも、地域の人々の間にも育ちつつあったと言っていいのでしょう。また、その中から領主のみならず、川や土地に対して積極的に働きかける主体としての村が育ってきました。この村こそ、地域に住む人々の共同体的結束を生み出す歴史的な形成物でありました。

川は、その周辺に住む人々の生活のありようや権力の思いによってその位置づけが変わってくるのですね。またその人びとが有する力によっても意味が変わってきます。ここまでのお話で十分ご理解いただけたことと存じます。次の章では、一六世紀末の豊臣政権期以後全国的な統一政権確立のもと、村と村の人々が力を持ち、また村に対するより大きな規模を持つ権力的な統制も進んでいく中において、猪名川がどのように位置づけられ、どのような改造が行われたのか、またそれはどのような役割を果たし、どのような問題を生み出していったのかを考察していこうと思います。近世は、山間部においても、平野部においても、猪名川本流に対する本格的な格闘が始まった時期だということが明らかになっていくでしょう。そこでもまた残された史料を中心に考えていくこととします。

3 近世の村と猪名川

川西市小戸神社の前を今も流れる加茂井

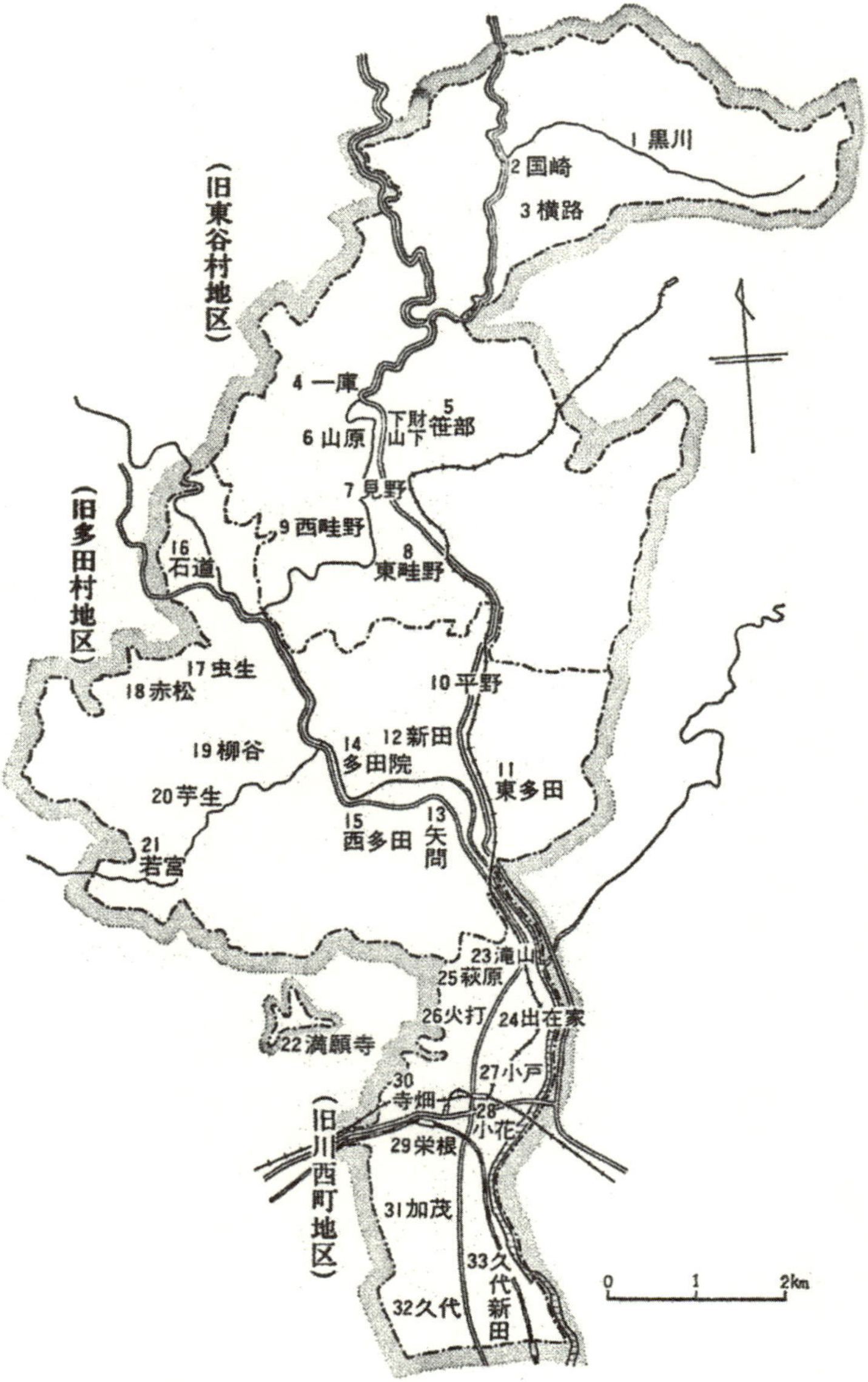

江戸時代の川西市域の村々（『川西市史』第２巻・109 頁）

（1）共同体としての山間部村々の成長

幕藩権力と近世村の創出

近世社会は、豊臣政権から徳川政権の確立へというところから始まります。両政権とも、諸大名の割拠を認めつつ厳しく統制する封建国家であり、かつ強力な身分制を敷いたものでした。本章では、このような政権のもと、人々の猪名川に対する意識はどのように変化し、川との関わり、また、暮らしはどう推移していったかというテーマに迫っていくことにします。

さて、この問題を考察するにあたっては、まずこの統一政権ですね。これが、一面では共同体としての独立性において際立ち、また他の面では権力による統制に従順という、なんとも言えない独特な性格を持った近世村、この近世村を、日本全国に生み出していったことを見ておかなければなりません（ただし、北海道と当時琉球と言われた沖縄は別です）。

豊臣政権もそうでしたが、特に徳川幕府は全国的な規模で、諸大名に対しても、また地域に対しても、強い統制力を発揮します。村に対しては、ご存知のように、検地と村切りをやりとげました。そして、村方三役など地方《じかた》の組織を整備するとともに、様々な方法を駆使して村の生産力、共同的な生産施設、村民の構成、神社・寺院など、詳しく調べてその全貌を把握しつづけました。そのうえで、生産・流通に関わる社会的基盤、たとえば街道・橋・宿駅施設・用排水・治水施設などの整備・管理にも力を注いでいきます。また、村の生産力、特に農業的な生産力を維持し、伸ばすために村びとへの訓戒を怠りませんでした。

しかし、他方では、徳川幕府は、中世以来発展してきた共同体としての村の活力を生かすことについてもさまざまな手を打っていきます。幕府は、村方のことはできる限り村に任せるという対応をとっていくのです。諸大名や公家・寺社なども、こうした幕府のやり方を見ながら、それぞれの領地内で民生支配を推進していきます。こうして生み出されたのがいわゆる近世村なのです。その近世村が、村びとをまとめ、幕藩権力と関わって川に立ち向かい、川のありようを変え、またそうすることで自らを維持していったことを、本章では、見ていきたいのです。順序として、最初は、よく史料の残る山間部の村々の様子から見ていくことにします。

延宝検地帳の見方

さて、慶長期（一五九六〜一六一五）までの検地は、のちに古検《こけん》といわれ、寛文年間（一六六一〜七二）以降再調査されます。寛文年間には東北地方で、そして延宝五年（一六七七）前後のころには畿内周辺八ヶ国と備中国・陸奥国で再検地が実施されています。

この延宝検地では、周辺諸大名に検地の仕事を命じ、徹底的に調査をさせて年貢の増徴と土地の実際状況に合わせた年貢徴収高の調整を図ったと言われています。また、古検では必ずしも明瞭でなかった村と村の境界（例えば山間部）なども確定しています。計測の単位も変更しました。一間の長さをそれまでの六尺三寸（約一九〇センチ）から六尺（約一八二センチ）に改めました。一反を三〇〇歩とすることは文禄検地と同じでしたので、結果的に同じ一反でも、一〇八三平方メートルから九九一平方メートルへと小さくなったわけです。

川西市域の村々では、延宝七年（一六七九）に検地が実施されています。いまも残されているのは北部山間部の村々の帳面ばかりですが、黒川《くろかわ》村・国崎《くにさき》村・一庫《ひとくら》村・見野《みの》村・西畦野《うねの》村・東多田村・石道《いしみち》村・柳谷《やなぎだに》村の各検地帳が残っています（『市史』第五巻の二六～六五ページ）。

この延宝検地帳にはいろんなことが書かれています。問題は、それをどう見るかということです。『市史』では、もっぱら年貢増徴ないしは年貢徴収の適正化といった、まあオーソドックスな徴税政策の視点から検討されています。これはもちろん当然のことでしょう。

しかし、実は、この延宝検地帳には延宝年間当時と併せ、古検が実施された文禄期（一五九四～一五九六）以前の村の様子もいろいろと書き込まれているのです。いわば、一七世紀半ばの時代と並んで一六世紀後半期、すなわち中世末期から近世に移行する時代の村の姿も書き込まれ、それを垣間見ることができるようになっているのです。もちろん、猪名川とのかかわりを見るうえで大事な水利や水害記録などもあります。また、村が共同体であることを示す諸施設についての記述もあります。川西市についていえば、この延宝検地帳、南部地域の記録がないのが残念ですが、いまも残っている八ヶ村分、山間部中心ですが、この八ヶ村分の検地帳を紐解き、このような観点からその中身を見直してみようと思うのです。

多角的な検討ができる西畦野村

まず、西畦野《にしうねの》村の延宝検地帳（『市史』第五巻四四～四七ページ）から見てみます。なぜ西畦野村からかというと、実は西畦野村は、この検地よりも二年前、すなわち、ほぼ同じ時に作成された詳細な村絵図も別に残しているからです（『市史』第七巻二七七～二七九ページ）。この二つの記録を相互に見比べて、より確実な認識が得られる村なのです。しかも、天保一〇年（一八三九）以後につくられた「村明細帳」（注）も残されています（『市史』第五巻二六三～二六九ページ）。つまり、そうなんです。この村では、中世末から近世前期の様子がしっかり分かるだけでなく、近世後期に至る時代への推移もたどることができるという、まことに得難い村なのですね。

（注）この「天保一〇年以後に作られた村明細帳」の表紙の記載については指摘しておかねばならないことがあります。それは、この村明細帳はその表題（延宝七己未年永井市正御検地　村明細帳面）を見ると延宝七年に記録されたように勘違いするということです。しかし、実際は「延宝七年に検地のあった西畦野村の明細帳」という意味で、中身はその記述から見てまちがいなく天保一〇年以降であることが判明します。

では、西畦野村延宝検地帳に記載されていることを、大まかに整理しておきましょう。もちろん、村の概略を知っておくためです。

まず、この西畦野村延宝検地帳では、全部で六四七筆に上る田・畑・屋敷地の一筆ごとの所在地名・等級・面積・所持者・分米高が書き上げられています。また、最後にその集計が書き上げられています。

そして、これらについては古検との相違点も細かく記載されました。年貢を調整し、増徴しようとする検地本来の目的から考えれば、これは当然の記述というべきでした。

つづいて、山手米小物成の部分、入木代、茶柿代持主、池床の記載と続きます。そして最後の所に検地奉行関係者と村方役人・同案内人の名前と押印があって、帳末に除地に関する事項が記載されています。除地は年貢免除地のことですから、これも村にとって重要なことです。除地は宮・観音堂などの宗教的施設、山崩れ・川欠け・永荒れなどから構成されています。

ちなみに、検地の結果、西畦野村の田・畑・屋敷地の面積は三五町五反一畝五分と確定されました。その分米は三二六石三升です。またこの村には広い山地があって、南山の小松柴山三三町六反歩、西山の柴山一八町歩、北山の草山二一町六反歩と計測され、この山手代米一石五斗八升四合とされました。茶園が四筆で合計二〇株、そして柿の木一本も確認され、それらには合せて銀一匁五分の課金（古銀では四分七厘）も定められました。池床は四ヶ所確認され（西浦池・池之谷池・東谷池・北山池）、それぞれにつき縦・横の長さと面積、さらに、その構築年代も書き上げられました。村は幕府の支配に服するものとして村内の実情を明らかにし、年貢負担の責任主体者としてその義務の中身が確定されていったのです。

惣村の姿を引き継ぐ

さて、猪名川とそこに流れ込む多数の川々に向きあった村と村びとの様子、そしてその歴史的な変化を見ていこうとするとき、私は、まずは延宝検地帳の「池床《いけどこ》」「川欠《かわかけ》」などの存在に注目いたしました。

池は大きい川からの水が引きにくい山地寄りの田畑の開発にとって不可欠な施設です。西畦野村では、先ほども紹介したように、四つの池についての記載があります。縦二二間半と横七間半の広さを持つ西浦池、そして九間と七間の広さを持つ池之谷池。これらは、いずれも慶安二年（一六四九）中村杢右衛門が代官の時にできたと付記されています。つぎに東谷池は縦一二間と横一一間の広さで寛文一〇年（一六七〇）に、最後に、北山池は縦一五間と横一二間の広さで延宝五年に築造されたと記されています。要するに、この村の池はすべて江戸時代に入って築造され、村の共有物として公認されたということです。また、池の位置についてはこの村の延宝巡見村絵図で分かります。四つの池のうち三つが猪名川に面した南部の山地、残る一つが村西部の山地です。猪名川本流の水を利用できない地形につくられていることは一目瞭然です。

つぎに、川欠けについてみてみます。川欠けとは、洪水のため田畑が荒れ、回復できないままであることを意味するものです。これは全部で一四ヶ所、合計一町五反八畝一五歩、この分米一四石三斗七升八合と記載されています。また、すべて慶長三年（一五九八）の出来事だったとも記されています。つまり、逆に言えば、この村の農地の開発は、戦国時代を経て織豊政権期までには川そばのぎりぎりのところにまで伸びていたということですね。川欠けとは、そうした川岸ぎりぎりの所が洪水で川原になってしまった結果を示しているのです（絵図では「水損場」とされている）。もちろん、川水を利用しようとしたことは明らかです。ただし、その川は猪名川本流ではありませんでした。集落の真ん中を流れる小さな

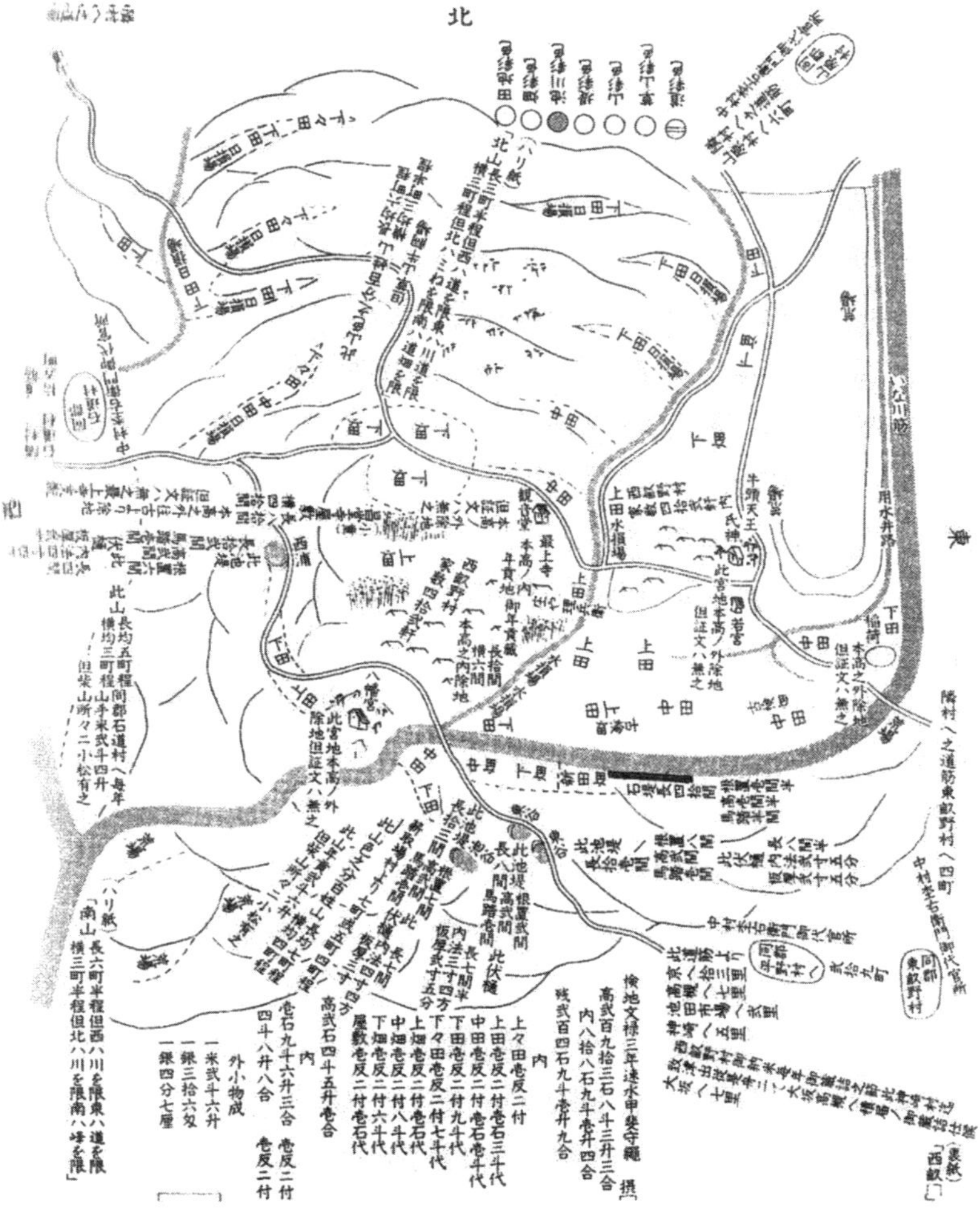

西畦野村延宝巡見村絵図（解読図）（『川西市史』第７巻・278 頁）

川です。このことも、池床と同じように、延宝巡見村絵図で明瞭に示されています。実際に流れを見てみますと、川幅はそんなにないのですが、水は川底をえぐり、両岸の平地よりも一～二メートル、所によってはもっと深いところを流れています。この水を農地に引き入れるためには相当しっかりした設備が必要なことが分かります。いずれにしても、耕作地拡大あるいは生産力増大に寄せる村の熱意は、中世以来継続していたと言っていいでしょう。

一方、氏神や八幡宮あるいは観音堂などの施設が「文禄三年(一五九四)速水甲斐守古検以前より除(地)」と記されていることにも興味が引かれます。これらの存在も、この村が中世において惣村となっていたことを記録に残しているものと言っていいのではないでしょうか。具体的に言えば、牛頭《ごず》天王宮境内山・八幡宮境内山・稲荷宮屋敷そして観音堂屋敷がそれぞれ除地の措置を受けています。「除地」というのは、先ほども確認しましたが、年貢の対象から除くという意味で、領主もそこが村共有の、年貢を取れない特別の地であることを認めていたわけです(注)。

(注) 少し余談気味ですが、西畦野村にはこれら四つの寺社のほかに、美女丸伝説で知られた小童寺があります。ところが、この寺はこの検地帳に記載されていません。もっとも延宝巡見村絵図には該当する位置に「昌堂寺」とあり、「往古より除地」とも記載されているので不思議な感はします、この寺は、なぜ延宝検地帳では除地扱いされなかったのでしょうか。ただし、天保一〇年(一八三九)以降に作成された「西畦野村明細帳」では、「小童寺　高二石六斗四升四合　除地」となっています。今後、きちんとした史料に基づいてこの間の事情を解明したいものです。

最後に、「茶園」の存在も目に付きます。すでに中世のところでも述べていますが、中世以来多田茶の名前が世に知られており、西畦野村もそうした商業作物としての茶の産地となっていたということです。

農業的発展と水確保への努力

では、今に残されている市域の延宝検地帳で西畦野村以外はどうなっているのでしょうか。その中で西畦野村は例外的だったと考えることができるのでしょうか。確認しておこうと思います。

西畦野村も含めて各村の延宝検地帳から表をつくってみました。「時期不明」は何とも言えませんので、ちょっとわきに置いておきます。そうすると、川欠けの発生年は、東多田村の「往古より」が二一筆、続いて一庫村の慶長年中（一五九六～一六一五）一〇筆、そして西畦野村の慶長三年（一五九八）一四筆とあり、その後は石道《いしみち》村の寛永七年（一六三〇）四一筆、黒川村の明暦元年（一六五五）三筆、東多田村の明暦二年（一六五六）三一筆、国崎村の万治元年（一六五八）四筆と続き、最後に再び東多田村の延宝元年（一六七三）六筆となっていることが分かります。「往古より」というのは、おそらく始まりの記録がないという意味でしょう。実際には、一六世紀末期の文禄検地の時期以前、すなわち豊臣政権か、あるいはそれ以前のものという意味かと思います。

これをみれば、いずれの村も、中世以来の耕地拡大が近世に入ってもさらに続いていたことが分かります。多分小さな川や溝と思われますが、その近くにまで田畑を広げていっていたのでしょう。それが

表　延宝検地帳に見る山間部村々の川欠け・池床など

	川欠け			池　床		古検時除地の寺社	牛馬飼場草山
	発生年	筆数	面積	築造時期	箇所数		
黒川村	明暦1（1655）	3筆	7畝25歩	時期不明	1	なし	
国崎村	万治1（1658）	4筆	2反2畝1歩	時期不明	3	氏神牛頭天皇社、氏神若宮八幡宮、地蔵堂、薬師堂、辻堂2	
一庫村	慶長年中（1596～1615）	10筆	1反8畝15歩	元和2（1616） 正保5（1648） 万治1（1658） 時期不明	1 1 1 1	氏神大宝天王社、観音堂屋敷6、春日大明神屋敷、牛頭天王屋敷	47町8反6畝27歩
見野村	なし			往古より 元和3（1617） その他	3 1 1	なし	
西畦野村	慶長3（1598）	14筆	1町5反8畝15歩	慶安2（1649） 寛文10（1670） 延宝5（1677）	2 1 1	牛頭天王宮境内山、八幡宮境内山、稲荷宮屋敷、観音堂屋敷	21町6反歩
東多田村	明暦2（1656） 延宝1（1673） 往古より	31筆 6筆 21筆	（合計） 2町7反9畝26歩	往古より 慶長18（1613） 明暦2（1656）	6 1 1	氏神九頭大明神社境内	
石道村	寛永7（1630）	41筆	1町9反4畝16歩	寛永14（1637） 寛文6（1666）	2 1	氏神天王社境内、釈迦堂境内	64町8反歩
柳谷村	なし			往古より 寛永16（1639）	2 1	地蔵堂屋敷、大林寺屋敷、道場屋敷	

表記された年に襲われた洪水によってそれぞれ被害を受け、そのまま荒れ地となってしまったということを示しています。

次に、池床について確認してみましょう。ここでは、「往古より」という記載が、見野村の三ヶ所、東多田村の六ヶ所、柳谷村の二ヶ所にそれぞれみられることが目を引きます。「往古より」というのが、先ほどの推測通りとしますと、これらの村々では豊臣政権時代以前、ひょっとすると戦国期、あるいはそれよりももっと前に池床を相当数構築していたということになります。さらに、そうした村々も含めて、一七世紀半ばまでにはどの村においてもさらに池床を造りあげているのです。すなわち、一庫村では元和二年（一六一六）、正保五年（一六四八）そして万治元年（一六五八）にそれぞれ一ヶ所ずつ、見野村では元和三年（一六一七）に一ヶ所、西畦野村では慶安二年（一六四九）に二ヶ所、寛文一〇年（一六七〇）と延宝五年（一六七七）にそれぞれ一ヶ所、東多田村では、慶長一八年（一六一三）と明暦二年（一六五六）にそれぞれ一ヶ所、石道村では寛永一四年（一六三七）と寛文六年（一六六六）にそれぞれ一ヶ所、そして、柳谷村では寛永一六年（一六三九）に一ヶ所と、池床を構築していっているのが分かります。

つぎに、茶園については、西畦野村以外にも各村にあります。表には示しませんでしたが、黒川村（五人、合計二五三株）、国崎村（三人、一六〇株）、一庫村（九人、一五三株）、見野村（一八人、二四〇株、但しそのうち一〇二株は村分）、東多田村（五人、八九株）、石道村（一一人、五〇株）と出てまいります。相当な広がりがあったことが分かります。結構、金銀あるいは銭の経済が普及していたこと、それに対応する意識が強くなっていたことを知ることができます。また、このほか商業的な事業としては、一庫村で「御入炭」が一〇〇荷とあり、炭窯が四ヶ所、慶長年中から除地となっています。除地となっているのは、たぶん、炭の生産は公儀からの御用をつとめているとの位置づけがなされていたからなのでしょう。

最後に、宮や寺院で古検の時にすでに除地となっているものを見てみます。そうすると、黒川村はなし、国崎村は氏神牛頭《ごず》天皇社・氏神若宮八幡宮・地蔵堂・薬師堂・辻堂二ヶ所、一庫村は氏神大宝天王社・観音堂屋敷六・春日大明神屋敷・牛頭天王屋敷がそれぞれ除地です。つぎに見野村はなしですね。東多田村は氏神九頭《くず》大明神社境内、石道村は氏神天王社境内・釈迦堂境内、柳谷村は地蔵堂屋敷・大林寺屋敷・道場屋敷とされています。いずれも、いつのころからか、惣村としての村人の精神的紐帯として大事にされてきた施設だと考えられます。

ちょっと珍しいと思う存在として、一庫村の草山四七町八反六畝二七歩、これが牛馬飼場とされているることです。また同じく西畦野村にも北山の草山二一町六反歩が村分牛飼場とされています。さらに石道村の草山（畑山）六十四町八反歩も村分牛飼場です。なお、黒川村にも牛飼場のあることが、享保六年（一七二一）の「黒川村明細帳」に記載されています（『市史』第五巻二二八ページ）。

これらは、まさしく村が生産力としての牛や馬をそこで飼育する、あるいは飼料とする山草を共同で確保する姿を示しているのではないでしょうか。ちなみに、近代史料を集めた『市史』第六巻には、国崎村と一庫村の共有山林三六町余を「該地上ニ発生スル雑草ヲ刈リ取リ牛馬ノ食料及耕地ノ肥料ニ充テ」（『市史』第六巻三〇〇ページ）という記述もあります。だから、これらの山地に牛馬を単に放牧していたというものでもなかったかもしれませんが、いずれにしても、延宝検地帳に掲載されたということは、幕府が村共同の牛飼い場を公認したということです。もっとも、このような飼場を持たない村もありますので、それらとの関係も踏まえ、今後もっとよく検討しなければならないことだと思います。

以上、ざっと見てきました。江戸時代前期のころの川西市内で山間部の村が中世惣村以来、農業的発展を図り、そのための水を確保するために努力し、かつ共同体としての姿を引き継ぎ、維持していたことは明らかなことかと思います。

猪名川本流の堰と井水

延宝巡見村絵図は、延宝五年（一六七七）幕府が関東および上方の直《じき》領に巡見使を送ったときにその準備として村側に作図を命じたもので、作図にあたっての仕様が定められていました。原図は幕府の指示に従い、きれいに色分けされているものです（注）。

（注）『川西市史』第七巻には一庫村・見野村とともに西畦野村の絵図が掲載されています。ただし、いずれも単色化された写真版となっています。おそらく、印刷の都合があったのでしょう。その結果、絵図の感じは伝わってくるのですが、詳細に見るのはちょっと辛くなっています。しかし『市史』ではそれに対比できるよう正確に翻刻された解読絵図が付けられています。それで、利用はかえってしやすくなっているのかもしれません。当時の印刷事情の中で最善の努力を払ったものと敬意を表さざるを得ません。

「西畦野村延宝巡見村絵図」（『市史』第七巻二七七～二七九ページ）は、先ほども検討してきたとおり、同村の延宝検地帳に当然のことながら内容的に対応しています（本書六九ページ参照）。北山の牛飼場の位置もしっかり記入されています。池も四ヶ所、その位置は、検地帳の所で述べて置いた通り、三つが北を猪名川に面した南部の山地、残る一つが村西部の山地です。ただし名称・広さ等には微妙な違いがあります。また、川欠けを示す「水損場」も明確に記載されています。その位置は、村の集落を南北に抜け、八幡宮（現在は跡のみです）の東側で一庫《ひとくら》大路次《おおろじ》川に流れ込む川（名前不詳。猪名川の支流）沿いにあることもわかります。

ただ、この絵図には、延宝七年の検地帳通りではないものもあるので注意が必要です。そのもっとも顕著な例が用水路の描き込みです。それは村の東端で、一庫大路次川本流のすぐ西側を北から南に流れ、「用水井路」と書き込まれているものです（本書六九ページ参照）。

この用水路がなぜ延宝検地帳には記載されていないのでしょうか。この絵図と延宝検地帳からだけでは理解できません。一般的に言って、用水路は自然の川とは違い、村が構築した人工的な施設ですから、本当ならば村高のうちに算入されるべきものですが、なぜこの村では検地帳から省かれたのでしょうか。幕府の配慮なのかもしれません。今後の研究に待ちたいと思います。

ところで、この用水路はどこから引かれているのでしょうか。西畦野村の北方にですが、一庫《ひとくら》地区があります。この一庫地区には、集落の南方を南西に向かって流れていた一庫大路次川が、大きく旋回して東に方向を転じるところがあります。ここ、すなわち山原《やまのはら》地区の北部で地形的には低地になる所に取水堰が今も存在しています。この堰とそこから流れる用水路については、天保一〇年（一八三九）以後に書かれた「西畦野村明細帳」（『市史』第五巻二六三〜二六九ページ）の記述があります。そこには次のように書かれています。

猪名川筋一庫前用水
枠井堰壱ヶ所　長サ三拾五間、高五尺、幅弐間半、
是ハ御料分斗り大破之節ハ御入用役下置候
右枠井堰、前々より御座候処、誠ニ百姓難儀仕候処、右当村用水枠井堰之所天保七年申八月願出

仕候

ここでは、「枠井堰」という言葉の意味が要注意ですが、それはとりあえずおいておきましょう。ともかく、ここに記述された「一庫前用水」が、今指摘した井堰の規模、井水の流れと比較して、「西畦野村巡見絵図」に出てくるこの用水路の始発点すなわち取水堰についてのものであることは間違いないものと思われます。なお、「西畦野村明細帳」には別の箇所で、この用水路の長さ一二六〇間、幅五尺とあり、また、山原村に毎年米一石八斗四升ずつ納めているとも記されています。山原村は用水路が途中通る村です。

以上、もう間違いないものと思います。西畦野村の耕地を遅くとも延宝年間には潤していた井堰と井水は、猪名川本流の水を一庫村の地において取るものであり、今も残されているものであったのです（注）。

（注）ただし、この用水路の現状について実見した結果を補足しておきますと、流末部分すなわち西畦野地区にまで来ていることは判明できますが、それが肝心の農地を潤す機能を発揮しているのかどうかについて、残念ながら私にはよく分かりませんでした。

西畦野村が設置した井堰
水路は向岸を左に流れていく。

ところで、この引用史料によれば、この井堰は前々からあったが、天保七年（一八三六）になって大破した。修復に困ったのでお願いしたところ、そうした時には必要な経費をお上が出してくれるようになったとも言っています。つまり、当初は村側の力で施工したものだったのが、お上に助成を求めるに至ったということも分かります。

では、ここで、この猪名川本流からの農業用水の取水についてこの「西畦野村巡見絵図」とは別の史料を見てみようと思います。それは、この西畦野村の用水施設が、山間部における猪名川本流からの取水の早い事例になるのかどうか知りたいからです。ただし、ここで猪名川というものの概念についてちょっと補足しておかないといけません。すなわち、今日では猪名川支流となっている一庫大路次川ですが、流量規模からいえば合流点までの猪名川本流と同じか、それ以上であって、江戸時代の絵図などでは「猪名川」とか「東猪名川」と書き込まれているものも結構あるということです。つまり、こちらも猪名川、それも本流と思われていた時期もあったということです。

さて、西畦野村からはさらに上流地域に当たる一庫《ひとくら》村。ここにも延宝の絵図、すなわち「一庫村延宝巡見村絵図」（『市史』第七巻二七一〜二七四ページ）があります。そして、この絵図にも、この一庫大路次川本流からの取水堰と用水路が描かれているのです。これは、国崎村からの街道が一庫大路次川に掛かるあたりから街道に沿って、すなわち一庫大路次川右岸側に描かれ、最後は一庫の集落の前方を東から西に流れていっています。ただし、この井堰の名前も井水の名前も分かりません。しかも、現在は一庫ダムの底に沈み、水路も明確でなくなっているようです。

以上をまとめると、山間部では、いつまでさかのぼれるかは不明ですが、遅くとも延宝年間、すなわ

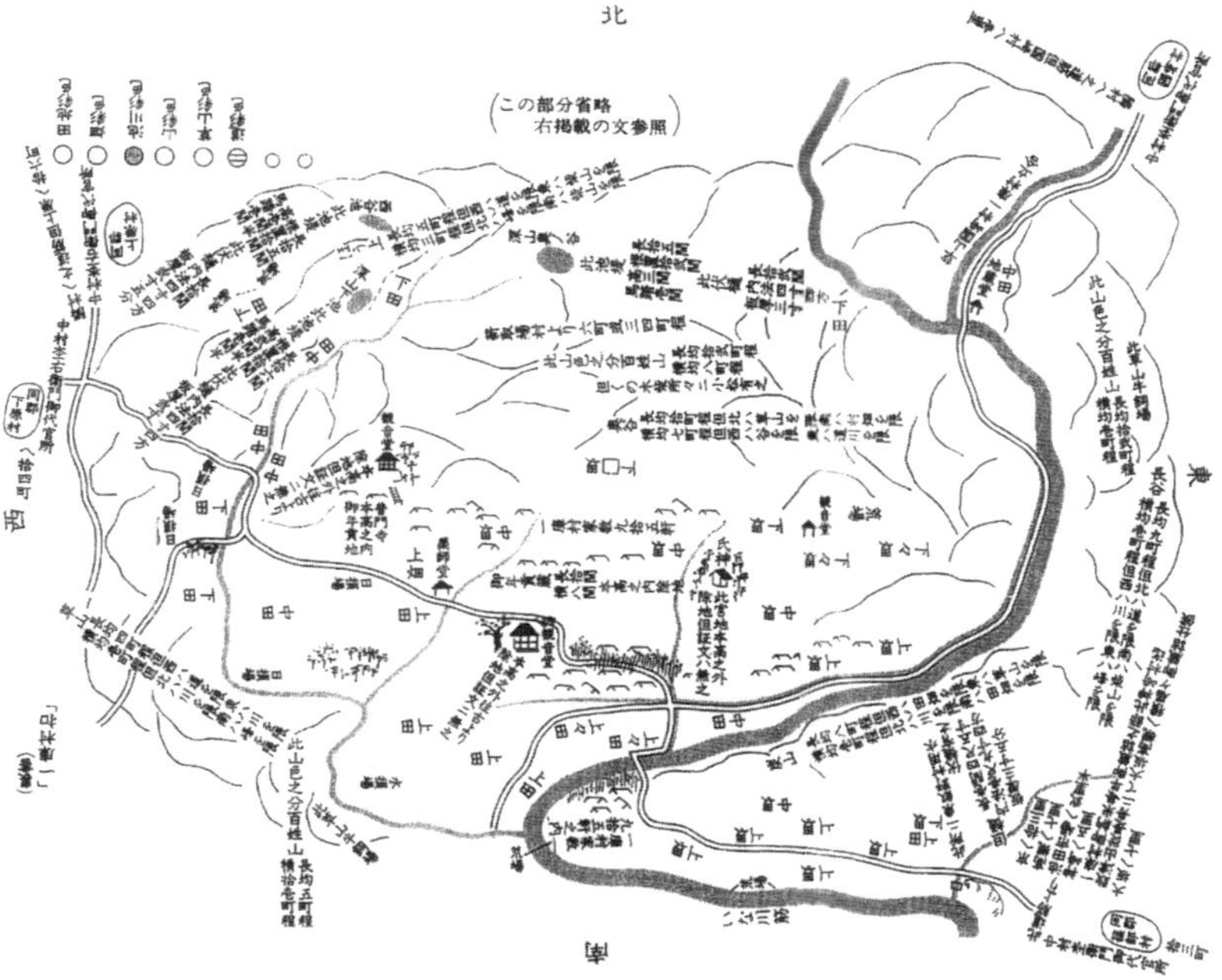

一庫村延宝巡見村絵図（解読図）（『川西市史』第7巻・272-273頁）

ち江戸時代の最初の六、七十年ぐらいまでの間には、猪名川や一庫大路次川の本流に堰を設け、そこから農業用水を引くことも普通に行われ始めていたと言っていいでしょう。この用水施設の構築には、西畦野村が用水路の流れる山原《やまのはら》村に謝礼を毎年支払っているように、村と村の関係に変化を持ち込むものでもありました。それだけ、山間部でも村の根幹としての農業、それを支えるものとしての用水源としての猪名川本流への注目も進んでいたことを示しているのではないでしょうか（注）。

（注）先に中世のところで語った多田の井堰についても、こうした流れの中で位置づけてみることが必要ではないかと思います。多田では、はたして、南北

朝期に本流から水を引いていたのかどうなのか。その事実認識によっては、ここでの位置づけも変えなければならないもので、大変興味深いところがあるのではないでしょうか。

江戸時代後期の水利状況

では、こうした山間部の村々では、江戸時代後期に村の様子はどう変わっていくのでしょうか。

山間部の村々に限ったことではないのですが、江戸時代後期の村の様子を知るうえでは、各村に残された「村明細帳」が役に立ちます。「村明細帳」とは江戸時代後期すなわち一八世紀後半から一九世紀半ばにかけて記録された冊子で、村々の様子を記録し、幕府や藩に提出されたものです。提出した村側ではその控を保存しています。そうした「村明細帳」などが『市史』第五巻には山間部から平地部にわたっての二〇ヶ村分について掲載されています（『市史』第五巻二一二～三六〇ページ）。『川西市史』はよく思い切って大きなページを割いてこれを掲載したものです。

さて、ここでは村明細帳を書き上げた村々のうち、先に見た延宝検地帳の記載と対照できる山間部の村について、その村にある池床と井堰の状況をまとめてみました。次の表を見てください。

		延宝検地帳	村明細帳	（※印は村明細帳の作成年）
黒川村	池床	1	2（大池なし）	※享保六年（一七二一）
	井堰	―	7（稲川筋）	
国崎村	池床	3	3	※宝暦七年（一七五七）

	井堰	—	5（御普請所）・6（山ノ谷筋百姓自普請）	
一庫村	池床	4	4（御入用御普請所）	※寛保三年（一七四三）
	井堰	—	4（御入用御普請所）	
見野村	池床	5	5	※明和八年（一七七一）
	井堰	—	—	
西畦野村	池床	4	8（うち4は「名々勝手溜池」）	※天保一〇年（一八三九）以降
	井堰	—	1	
東多田村	池床	8	9	※慶応四年（一八六八）
	井堰	—	1（掘抜穴。平野村・多田御社領との立会）	
石道村	池床	3	5	※明和五年（一七六八）
	井堰	—	1	

いずれの村も池床の増加についてはあまり顕著とは言えませんが、井堰の記載が目につきます。ただし、西畦野村と一庫村で確認したように、延宝年間までに実際には井堰をつくり用水路も作っていても検地帳に出ていなかった可能性もありますので、その構築が延宝年間以後とは断定できません。むしろ、延宝年間以前に築造された井堰もあったとみておかねばならないでしょう。

いずれにしても、山間部では江戸時代中期ごろまでの水利施設の築造熱を受け、江戸時代後半期までには猪名川本流を堰き止める井堰とそこからの用水路も多くの村々で作られ、その機能を発揮していたことは間違いない事実として確認できるでしょう。なかでも奥地の地域には井堰がたくさん作られています。具体的にみてみましょう。たとえば、黒川村では七ヶ所。これらは田尻川の支流の黒川に構築した井堰でしょう。また、国崎村の合計一一ヶ所と一庫村の四ヶ所。ここも田尻川と大路次川、すなわち猪名川の比較的上流地域です。おそらくは、本流とはいえ、上流のため川幅が細く、井堰工事が容易であったこと、また一つ一つの規模が大きくできなかったから、逆に多数つくった結果ということも考えられます。

一方、こうした奥地とまでは言えないけれども、明和五年（一七六八）の「石道《いしみち》村明細書」には猪名川本流から引いてくる井堰と用水路のことが次のように書かれています（『市史』第五巻二九一ページ）。

一、井堰壱ヶ所　字岩掛ケ　長弐拾弐間、高六尺、根置三間、馬踏弐間

一、同所溝手　長百四拾間、高六尺、馬踏四尺

このように、山間部では猪名川本流からの農業用水引用は、江戸時代初～中期を通して作り続けられ、一八世紀後半以降になると、もはやふつうにみられる風景となっていたことは明らかです。

では、これらの工事は村が費用を負担して行ったのか、あるいはそれを統制する幕府なり、その代官なりが指導して実施していったのかといえば、残念ながら、いずれもあまり明確ではありません。ただ、すくなくとも、先ほどの「西畦野村明細帳」の記載振りですと、構築当初は幕府権力が工事を指揮したとまでは言えなさそうです。共同体としての村が農耕地への水利のため、その力を猪名川本・支流に向

けたと言うべきかと考えます。また、そうした熱意がのちに幕府や藩などの支援を受けるように仕向けて行ったのではないでしょうか。

岩にトンネル、水路の開削―東畦野村絵図から

ここで、農業水利をめぐる山間部の地域的特性が特に示されているのではないかという点で、最後に、「東畦野《ひがしうねの》村絵図」を紹介しておきたいと思います（『市史』第七巻二八〇〜二八一ページ）。

東畦野村は、東は山地。だんだんと土地の高さを下げながら、西は猪名川の支流一庫大路次川に突き当たっていく村です。絵図には、村の東部、山地の中に瑞岩寺と頼光寺が描かれています。頼光寺は、源満仲の夫人法如尼ゆかりの寺とされ、現在はアジサイ寺としても有名です。この両寺の前あたりをそれぞれ細い川が南東から西に流れ、また地図の上部、「笹部村」と記入のあるところの南側にはたぶん初谷《はつたに》川と考えられる川が描かれています。そこには「自普請」とか「御普請所」の文字が書かれていること、さらに絵図の左側、「猪名川筋」（実際は現在の一庫大路次川）と書かれている左岸側には「御普請所、右堤長サ七十間」という書き込みがされ、石の護岸を示すような絵も描かれています。これらは、この村が、小さな川も含め水害の被害を受け、その修復が求められ、公儀側と村側の分担を定めたことを推測させてくれています。

さて、以上の様子を確認したうえで、ここでは、この図を特に取り上げた理由を以下説明しておきます。それは、図の上部左端すなわち北部の「一庫前井堰、長サ拾六間」とされているところから引かれてい

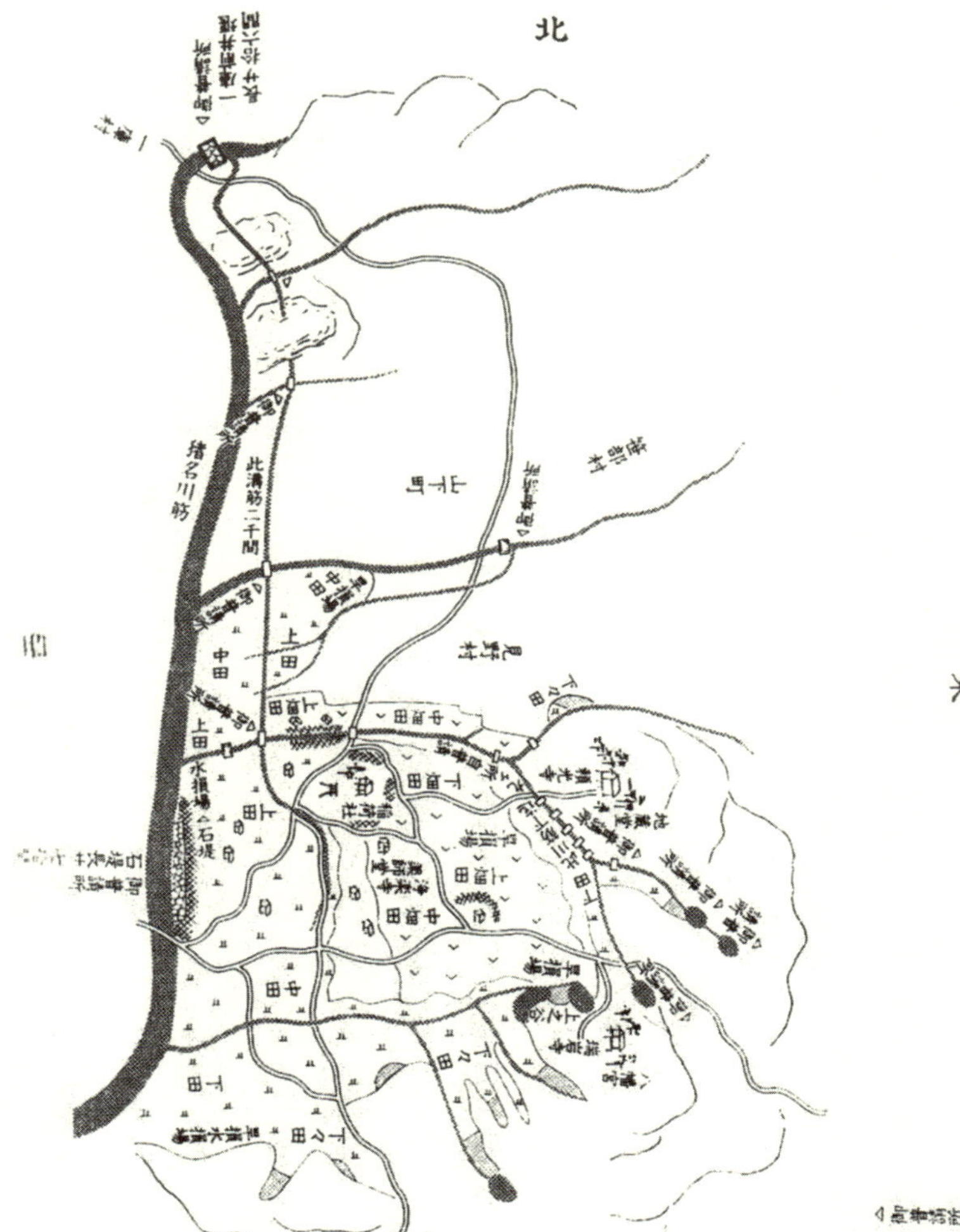

東畦野村絵図（解読図）（『川西市史』第７巻・280頁）

る用水路の線です。途中岩山のような所を二ヶ所経過して南下していますが、二つ目の岩山のところで、線が切れていますね。これは、いったいなぜでしょうかということです。ひょっとしたら岩山をくぐるトンネルではないのか。私は、ある日実際にこの水路と思われる流れを始発の点からたどってみました。そうすると、水路跡はやがて高さ七〜八メートルはありそうな、大きな岩山に直面し、そこでトンネルが穿たれているのを実見したのです。それは、人が一人、かがんでやっと通れるぐらいの穴かと思います。ただし、このように推測するのは、トンネル入り口には危険防止のためでしょうか、侵入できないよう鉄柵と鉄板で厳重なふたがされているからです。おそらく、このような現状から判断して、この水路は、もはや農業用水路として歴史的役割を終えているものかと思われます。

さて、このトンネルのことですが、視野をもう少し広げて考えてみましょう。農業用水路のために岩山にトンネルを穿っている事例は、実は、川西市内の山間部でいくつか確認されているのです。私が確認できたものだけを挙げても、たとえば、現在でも、一庫村には、北方の深山《みやま》池から山を潜り抜けるトンネルの水路があって、これは今も現役として生きていると聞いています。地元では鉱山の掘り師が掘ったものと言い伝えられています。さらにこの村にはもう一つ、トンネルが別の箇所で生きて働いているらしいのを確認しています。次に、猪名川右岸には山原《やまのはら》村用の水路がありますが、ここにもトンネルを穿っている箇所があり、これも現役として使われていることが確認できます。

岩に穴をあけて水路を通すというのは技術的にそんなに簡単なこととは思われません。また、費用もかかることと思います。なぜ、こんなことまでを当時の村びとは考え、また実行することが可能だった

岩山をくりぬいてつくられた水路

のでしょうか。おそらく、それには、多田銀銅山の存在を考えなければならないでしょう。すなわち、鉱山技術と農業技術の結合が江戸時代にこの地で実現していたことを示しているのではないでしょうか。言いかえると、農業用水を求める村びとの思いが、江戸時代に多田銀銅山に関与した人々の技術と存在に結びつき、このトンネル工事までも成し遂げたのではないかということです。ここでは、とりあえず問題提起だけをしておきたいと思います。

なお、明治期の史料を読んでいくうちに、この東畦野村井水に関わるトンネル説をさらに裏付ける記述が出てきました。近代に入ってからのことですが、明治八年（一八七五）一二月、地租改正に伴う地位等級取り調べが行われたとき、川辺郡第拾四区東畦野村の村びとは井堰のことを指摘し、「凡《およそ》反別拾町余川掛り、同区一庫村ニテ井堰仕《つかまつり》、是ヨリ水下迄凡三十五町程遠隔ニ有之《これあり》、此間ニ筧《かけひ》六ヶ所、切抜穴弐ヶ所御座候」と述べています（『市史』第六巻一二四ページ）。ここにある「切抜穴」というのがトンネルでしょう。また、先ほど掲載した慶応四年（一八六八）作成の「東多田村明細帳」でも井堰について「掘抜穴」との注釈が記載されていることも指摘しておきます。

（2）平地部の村々と農業水利施設の整備

水利がつなぐ近世の村

以上、山間部の水利施設について見てきました。近世の村というのは実に熱心に農業生産の条件整備に力を注いでいたことが分かりました。とくに、用水の整備はその中心であったと言っていいでしょう。それは、山間部では池づくりや小さな川にとどまらず、ついには猪名川本流を堰き止め、そこから長い水路を通して灌漑用の水を引いてくるところにまで進んできていたのです。トンネルまで穿っています。これを支えていたのは間違いなく村の持つ共同体的な力と言っていいでしょう。では、このような行動を支えた、その村の共同体的な力とは、中・下流の平地部ではどうなっていたのでしょうか。また、そこでは農業用水はどのように確保されようとしていたのでしょうか。

ここでは、豊臣政権や幕府権力が推進した村切りの時期を中心に、それに対応した地域の例として、猪名川が平地部に出たところに広がる小戸庄《おおべのしょう》を取り上げてみたいと思います。小戸庄とその中における各村の独立、そしてその村々の共同については、実は『小戸庄古記録』（『市史』第五巻三八〇〜三八五ページ）という史料があって、いろいろと考えさせられます。そこでは初めに次のように書かれています。

往古ハ当郷小戸の里と謂《いい》て、所々ニ小名《こな》在りしと見え、小名、小戸分・栄根分・萩原分・小花分・出在家分・滝山分・寺畑分・火打分、如斯小名御座候所、文禄三午年御検地時、其所ニ持居候田畑

へ御検地御入被成候而、何村高〳〵と検地之帳面江御記被遊、村々江御下被成候事

つまり、文禄三年（一五九四）の検地までは小戸の里と称していたのが、このとき以後小名《こな》すなわち各村に分けられ、年貢がそれぞれの村の義務とされたというのです（注）。もちろん、それは上から決められたものでした。実は、小戸庄では文禄検地よりも少し前、文禄元年に始まった秀吉の朝鮮征伐の時には庄内の八ヶ村から人足三四人の差出が命じられています。このときには、その宰領は出在家の庄屋＝滝井五左衛門と小花の庄屋＝小花惣左衛門の二人に任されました。両名はそれぞれの小名を代表する人物であったと思われますが、まだ、このときには各村よりも小戸庄のまとまりの方が実質を担っていたことを誰もが認めていたのですね。

（注）『市史』第五巻には、この時の検地帳のうち、出在家村と栄根村の分が掲載されています。それには、たしかに「文禄参年拾月吉日　摂州河辺郡小戸庄出在家村御検地帳」「文禄三年　摂州河辺郡坂根村御検地帳」と表書きがされています。だから、このとき『小戸庄古記録』が言うように村切りが実施されたと言っていいでしょう。ただ、実際の年貢免状は寛永二年（一六二五）まで「小戸庄庄屋・百姓中」という形で一括して渡されていました。これが一村ごと別々に渡されるようになるのは翌年からであることも分かっています（『市史』第三巻九四ページ）。これをどう見るかというのは、確かに問題になることです。なお、『市史』第三巻では、この時の「寺畑村」というのは、寺畑本村ではなく、栄根村持ち寺畑のことであると注意書きがなされています（同上）。これはいったい具体的にはどのあたりを指しているのでしょうか。このすぐあとで述べる「寺畑村」の位置づけともかかわって、気になるところです。

では、文禄三年に行われたこうした村切りは小戸庄《おおべの》の解体をもたらしたのでしょうか。事実はそうでもなかったようです。先ほどの注記もそれをうかがわせていますし、実は、すぐ後で述べますが、この地域にはこのころ紅葉ヶ池が築かれ、さらに九〇年ほど後には小戸井が定堰化され、それら灌漑施設の共有がありました。そして、この水利というつながりを以て、江戸時代を通して独立していく庄内の各村とは別に、この小戸庄のまとまりもずっと存続していったのです。

寺畑村の遥拝所

ちなみに、この地域の旧村々は、今も何となくつながっているような気配があります。ただ、小戸井の恵みから遠かった西方の寺畑村だけは最明寺川や前川（中川）との関係もあって、村の西側の平井村とか南側の口谷《くったに》村あるいは加茂村などとの交流の方がその後目に付きます。もっとも、延喜式にも記載されている小戸神社がいまも健在であって、それがこの寺畑村も残りの七ヶ村に精神的につなぎつづけてきたようでもあります。

いずれにしても、小戸庄は古代・中世以来の荘園であったから江戸時代になってもまとまっていたという単純なものではなく、江戸時代には、共同の水利施設の力を以て、その恩恵を受ける地域がまとまっていったことを見ておくべきでしょう。近世村の結合は、たとえ近世になって作られたとしても、用水施設など基盤的な共同的・社会的装置に基礎づけられて共同性が強められて行っていたわけです。もちろん、その統治は歴史的な開発領主や本所《ほんじょ》・領家《りょうけ》などによって上からまとめられていた古来の庄園制度とは異なるものになっていたとみるべきでしょう。

先に、延宝検地帳と延宝村絵図、そして村明細帳などで詳しく見てきた山間部の村々の姿も、このことを物語っているのではないでしょうか。山間部であれ、平野部であれ、違いはなかったようです。

大きな自然への挑戦

幕府は、農業的な生産力の向上を求める村々の努力、そのための共同体的な力の強まりを否定せず、むしろ認めていったのです。幕府や藩は、中世までの荘園の解体には頓着せず、新しく力を持ってきた村々の力を重視したのです。

では、猪名川が広い平地に展開する川西市南部地域では、猪名川本流に対する水利工事はどうなっていくのでしょう。これについていえば、何といっても史料的には、小戸庄《おおべの》の村々からの要望に応えて元禄七年（一六九四）には猪名川の流れすべてを堰止めた小戸井の定堰化の工事が目につきます。

小戸井の定堰化工事は幕府の意思でもありました。そして同時に、村々の強い意思でもありました。このことはこの後だんだんと明確にしていきます。ただ、ここではもうひとつ指摘しておかねばなりません。それは、村々が平地の猪名川という大きな自然に人為的な改造を加えるようになると、それは同時に、洪水という新しい問題に直面するきっかけとなるものでもあったということです。ここでは、これらの問題についても、総合的に、考えてみたいと思います。

さて、小戸井の定堰化工事に至る経過は、関係する村びとの川堰というものに対する意識の飛躍とともにありました。先ほど引用した『小戸庄古記録』は、この間の事情をよく物語るとともに、小戸庄の水利と洪水史について大事な示唆を与えてくれます。この記録は、記述の内容から判断して元文五年（一七四〇）ごろまとめられたもののようですが、これから後の話は、基本的にこの『小戸庄古記録』を基にいたします（注）。

（注）『市史』第二巻の井水に関する記述もこの『小戸庄古記録』を参考にしています。ただ、『市史』では、水利施設と堤等の構築物の機能についての解釈の仕方でちょっとした誤解もあるようで、一々挙げませんが記述の流れがわかりにくくなっています。

なお、平地の猪名川を改造するというテーマについていえば、小戸井と同じころ小戸井の取水口のすぐ下流に別の取水口を作り、小戸井よりももっと大きな規模を有した加茂井の構築と拡張についても語らなければなりません。ただ、この加茂井については構築や拡張に関わる記録があまり明瞭でないのです（注）。で、ここでは、その存在を指摘しておくだけに止めておきます。残念なことですが、将来を期さざるを得ません。

（注）『市史』第二巻二〇三ページには「寛文年間の小戸井・加茂井絵図」が掲載されています。この絵図には、この両井堰とそこからの井水路も描かれていて、大変有意義なのですが、川を全部堰き止めているようで、この後の本文の記述や、加茂井は全部堰き止めていたのではなく季節的に堰き止めるだけの形であったという明治期の

記述とも比較して、ちょっと不思議な感があります。なお、現在猪名川の堤防上に国土建設省猪名川河川事務所等が建てている「加茂井堰改築記念碑」（横に掲示されている水利使用標識によれば、平成二六年（二〇一四）の建碑か）には、「最初の加茂井堰は享保五年（一七二〇年）に農業用の取水堰として設けられ」、また、「その時の堰は蛇篭の中に石を詰めた構造のもの」とも記載されています。ちょっと付記しておきます。

小戸井の定堰化と猪名川大洪水

江戸時代の初めごろ、小戸庄では田畑の水利として、一つは猪名川本流の水を出在家牛廻しの井戸（この所在はいまちょっと分かりません。）から少し北に小規模な堰を作って少しずつ取っていたようです。だが、これは規模の小さなものであって、大部分は小戸庄が庄の西部にあたる山地で、萩原村に造った紅葉ヶ池から賄っていました。紅葉ヶ池というのは大池であって、その名前は形が谷々に入り組み、紅葉のようであったからだと言われています。

このような中、慶安三年（一六五〇）村々では井口を「現在」（元文五年＝一七四〇年頃か）戸樋と呼ぶ所に明替えます。「明替える」という言葉の意味が分かりにくいのですが、おそらく、すこし本格的な取水施設を猪名川本流に設置し直したのだと思われます。これによって、紅葉ヶ池の利用は減少していきます。かわって、水が必要な時、村人は毎年川堰を止めて水を養い、それを引き入れるようになりました。しかし、その養水は簡単な仕事ではありませんでした。

……と。このように『小戸庄古記録』は述べています。しかし、この養水とはいったいどんな作業を

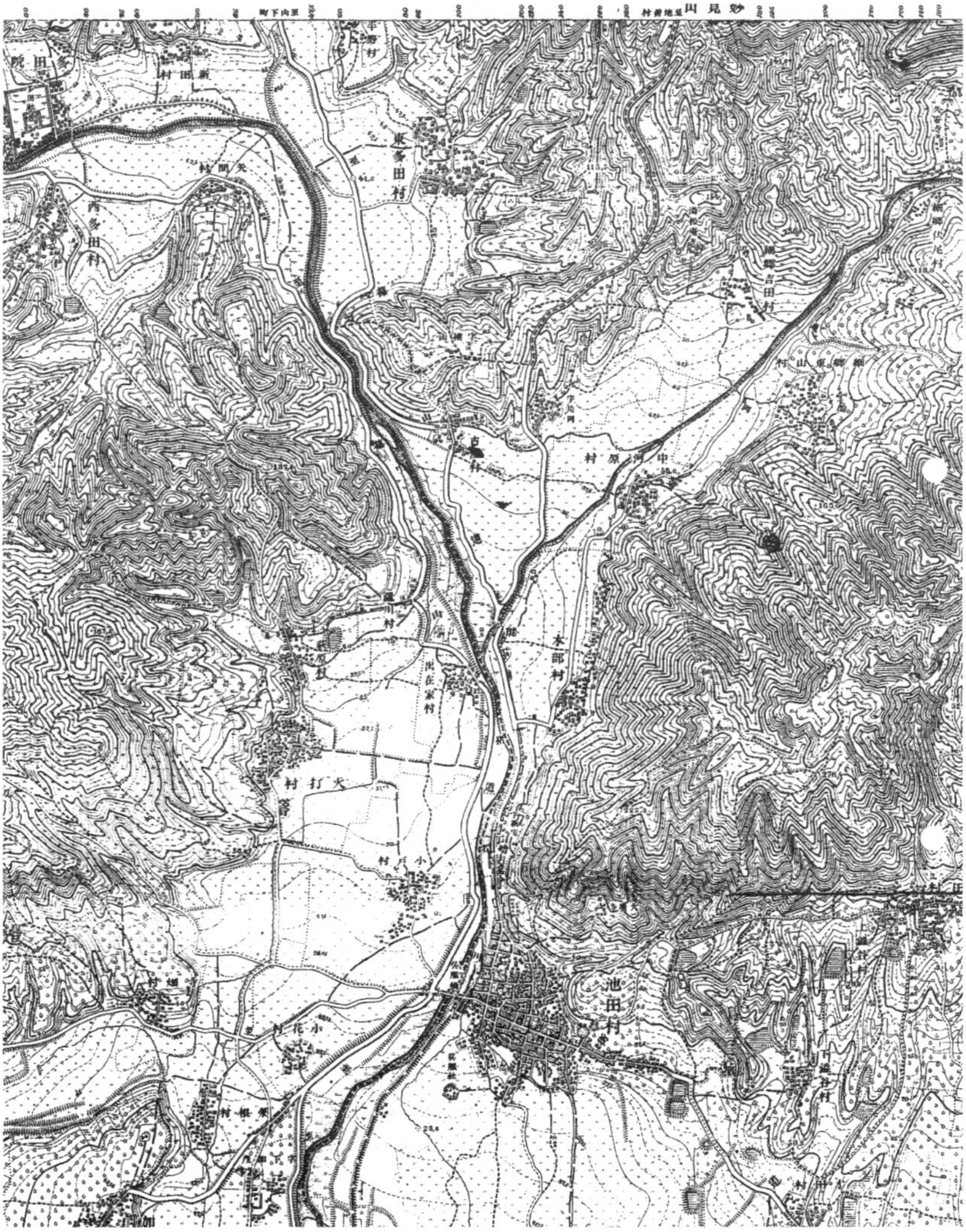

明治 20 年陸軍仮製地図「池田」（国土地理院）
紅葉ヶ池は火打～萩原～西多田と、南北に通る街道のうち萩原地区（図面左側中央部）で街道の西側、広い谷間となる所にあったと考えられる。

伴う仕事だったのでしょうか。つまり、水を猪名川本流から引こうとするとき、川にどんな手を加え、水をためようとしたのでしょうか。ここのところ、いろいろ想像はできますが、実際の所、よくわからないのです。残念なことです。だから、「それゆえ」といった書き方を『小戸庄古記録』はしていますが、ここは、少し立ち止まって、もっとよく考えなければならないところかと思います。

まあしかし、ともかくも、養水のためには多数の村びとの力が必要だったのでしょう。「そこで」、ついに貞享四年（一六八七）この地域を支配する小堀遠江守に申請して上様御普請所（公儀御普請所）にしてもらったのです。このとき、堰口一二間、幅六間という広さに敷石を施してもらっています。こうして用水施設の向上を図ったというわけですね。小戸庄の村びとにとって、水の確保を図るため井口の整備がいかに重視されたか考えられるところです。この考えの強まりがあって、村びとの意識が猪名川の改造に取り組む方向に傾いていったと思われます。

なお、このとき小戸村組頭甚右衛門を初めとする小戸庄の代表者たちが対岸の古江《ふるえ》村と交わした証文が残っています（『市史』第五巻五六八ページ）。それには、新堰設置の理由として近年の洪水増加で井堰が大破していることも指摘され、かつ、対岸の古江村釜が口にも「二間枠二組」を入れることの了解を求めて、承認を得ています。どうも、両岸に堰止めの装置を作り、用水の時期にそれを利用する仕掛けだったようです。それはともかく、これ以後、小戸井については幕府が直接関与する施設になっていきます。

しかし、貞享四年に造った堰は、以前と同じく猪名川を常時全面的に堰止めるものではなかったので、養水時には毎年多くの人々が川に出て、堰止めを行う必要がありました。（「そこで、」という流れでここでも記述が続きます）ついに元禄七年（一六九四）忍《おし》藩阿《あ》部《べ》家の領地になったとき、再度願い出てそれまでの敷石より向こうへ一段下げて、長さ七八間、幅六間の敷石を行って、大川一面に堰止めすることとなりました。長さ七八間と言えばおよそ一四〇メートル、大変な規模の定堰を造ったわけです。しかも、定堰ですから、ここでは木材を流すことが不可能となりました。猪名川を流していた木材は、ここで人が持って移動させるということになるわけです。

現在の小戸井堰
写真左（右岸）、コンクリートで囲まれた水路が小戸井用水路。対岸は古江（池田市）

猪名川からの取水装置、その定堰化は灌漑用水として極めて大きな効果を発揮したのでしょう。また、この定堰化で紅葉ヶ池の池水の需要はうんと減りました。その結果、池も埋め立て田畑に変換します。ただ、一部には地形的な関係で井水が行き届かない場所も残り、そこへは残りの池水を流すようにと指示され、「上様から筧を下し置かれた」とあります（九九ページの図参照）。

こうして、今に残る小戸井の基本が完成したわけです。たいへん大きな川の改造だったわけですね。しかし、このためか、やがて手痛い洪水の被害を受ける日がやってまいります。元文五年（一七四〇）六月九日大洪水が猪名川流

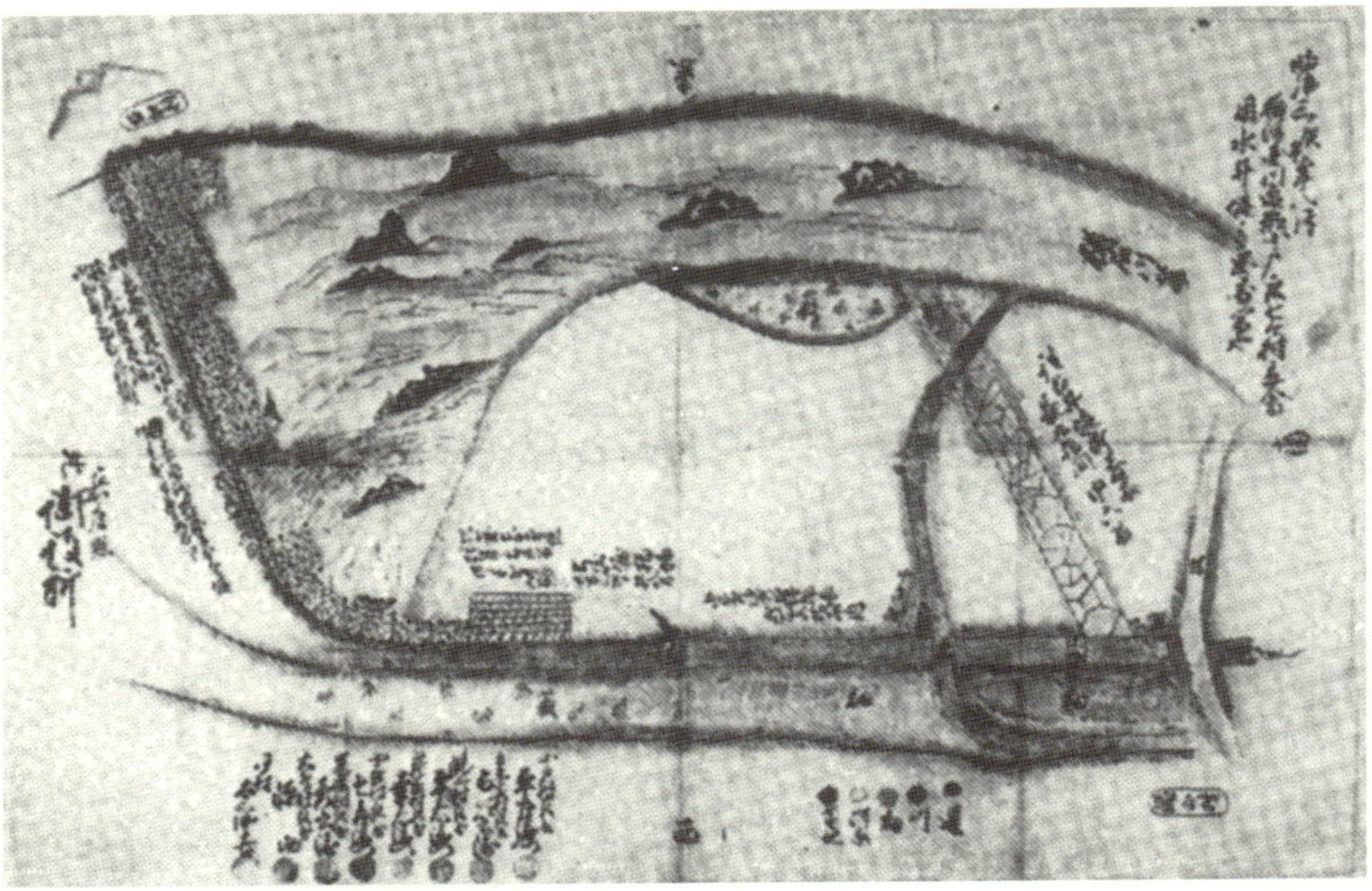

明治３年の小戸井堰の絵図（『川西市史』第３巻 132 頁）
右側少し左に傾いた石組み跡が貞享４年（1687）に造り、元文５年（1740）に河原となって用をなさなくなった井堰。その後新築した井堰（現在地）は左側に描かれています。

域を襲い、小戸庄も大きな被害を受けたのです。

元文五年六月九日は猪名川流域に大雨が降り続いたようです。小戸井の取水堰があった場所について言うと、堰に上流からの土石が大量に押し流されて、それが溜まったこともあったためか、川の流れが変わってしまいました。すなわち、従来の流れよりも東側、左岸の古江（現池田市）側に迂回してしまったのです。洪水が終わった後には、堰を築いていた場所は水の流れがなくなり、すべて川原になってしまいました。

小戸庄では、このことがあってから、堰の位置を上流、たぶん今の滝山の位置に移すことにしたようです。溝（用水路）もまた新しく造りました。阿部家の支配所が費用を負担しました。ただし、古い堤の位置までは変えなかったようです。ちなみに、明治二〇年（一八八七）の陸軍仮製地図（九三ページ）を見ると、出在家村北方堤防が現実の川の流れよりもずっと西の方にあって、河原がやたら広いのですが、これは、このときの猪名川の流れの変遷を示しているものでしょう。

灌漑用水を安定的に、かつ、たやすく確保するため、川の流れを定常的に堰き止めるという大規模な工事を施したことが、洪水の深刻化という新しい、深刻な問題を引き起こす遠因になっていたのかもしれません。しかし、小戸庄も阿部家もこの点については何も語っていません。

宝暦六年修復の小戸井

ところで、宝暦六年（一七五六）の「小戸村付込帳」（『市史』第五巻三二一～三二七ページ）には洪水を受けたのちの新しい井堰の規模について書き上げられています。それをちょっと確認しておきましょう。いろいろとわかりにくい用語が出てきますが、今後調べていきたいと思っています。

まず「猪名川筋 小戸井用水堰床壱ヶ所」として、「長さ九〇間（一六二メートル）、うち東西高枠一〇間（一八メートル）ずつ、堰幅一五間（二七メートル）、連枠三通り、下り枠一通り、ただしこれらは大石にて敷石、枠間とも」との記載が行われています。

つぎに、「用水を取るための樋は槙《まき》の伏樋で、一つの長さが九間半（一七・一メートル）、内法《うちのり》が三尺二寸（約九七センチ）四方、板の厚さ五寸（約一五センチ）、うち六間（一〇・八メートル）は石製《ママ》、但し戸前に四つ樋を建て、槙の木である」とも述べられています。

新しい小戸井は、こうして取り入れた猪名川の水を、溝幅平均五尺の「大溝」をもって長さ一一二〇間（二〇一六メートル）、溝幅五尺の「中溝」をもって長さ八五八間（一五四四メートル）、小戸庄内各村の田畑に流したのです（注）。

（注）大溝も中溝も平均幅五尺という所は少し疑問ですが、資料のままとしておきます。

この用水が潤す田畑の面積は左のようになっていました。合計すると高一〇六五石七升四合となります。小戸庄の合計村高は約一六九〇石（寺畑村を含む）でしたから、その重要性は一目瞭然ではないでしょうか。

小戸《おおべ》村	高三九四石三斗二升二合
小花《おばな》村	高七八石四斗六升四合
栄根《さかね》村	高二〇一石八斗九升六合
栄根持寺畑村	高二八石一斗六升六合
萩原《はぎわら》村	高五一石五斗七升八合
滝山《たきやま》村	高八六石六斗二升九合
出在家《でざいけ》村	高一一九石一斗七升
火打《ひうち》村	高一〇四石八斗四升九合

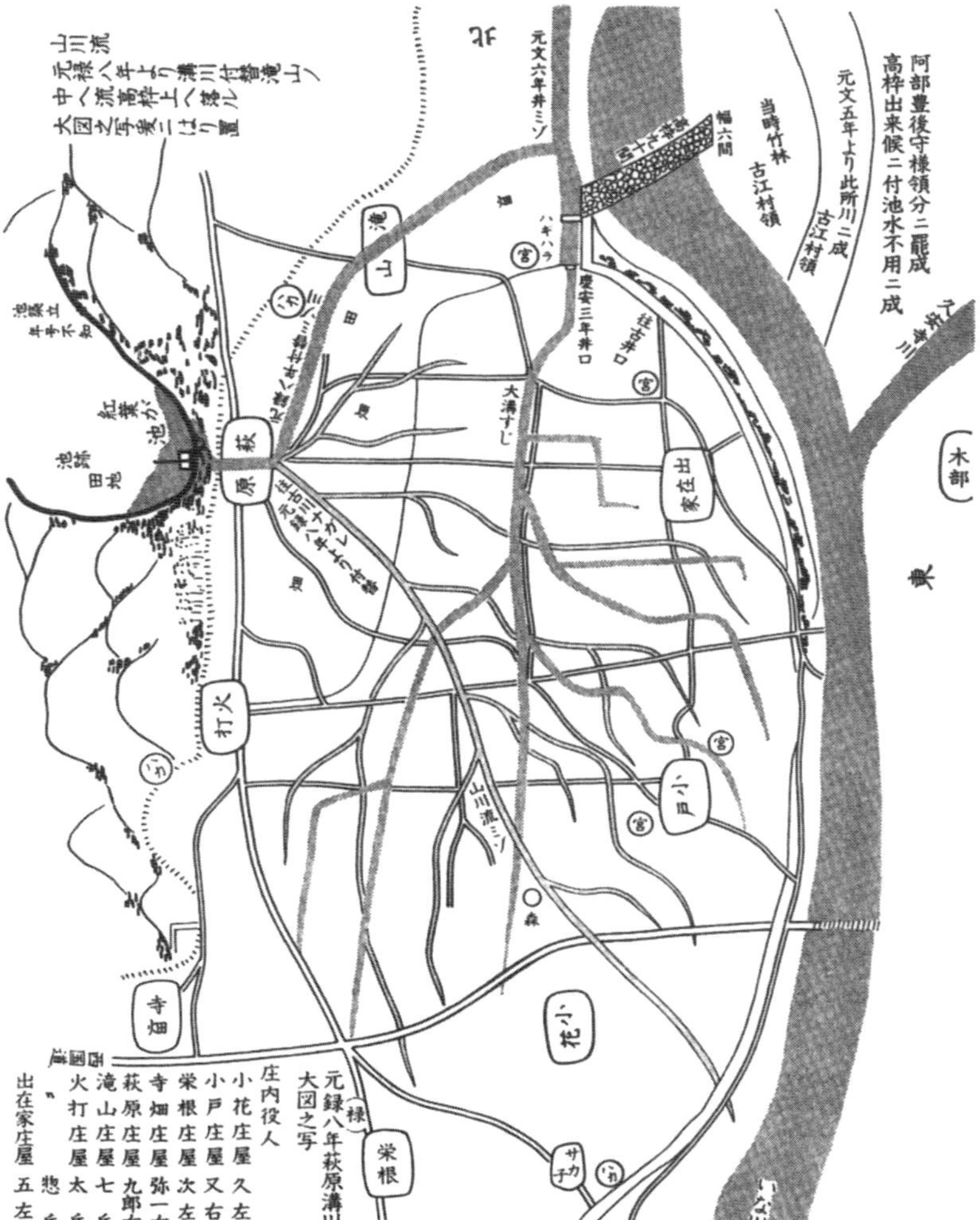

小戸庄大図（『川西市史』第5巻・384頁）
元禄8年（1695）小戸井完工とそれに伴なう紅葉ヶ池の溝付け替えの図。
ただし、元文5年（1740）洪水後の変化も追記されている。

箕面川の水利

ここでちょっと川西市からは離れますが、箕面川の水利について触れておきたいと思います。箕面川も中流域における猪名川の支流ですが、この川は、小石が多くて水の浸透が多く、表流水は少なくて、特に下流では普段は歩いてでも渡れます。こういう川ですから、川から直接田畑に水を引くことよりも、その伏流水を使う方法が発達しました。川に堰を作って水をため、近くの場所に湧く泉を用水源として利用するのです。ちょっと珍しいので紹介しておきます。

伝弁慶の泉

天文六年（一五三七）には野村（現池田市。以下もすべて同じ）に存在していた友武井から宮之前村・轟《とどろき》村・今在家村まで今井用水が整備されました。また、井口堂《いぐちどう》村・東市場村立会の江原井が天正一三年（一五八五）に開削されたという伝承があります。この水は「泉—清く、味甘く湧—溢して已まざるなり」と評された明泉であったと言われています（『豊島郡誌』）。さらに、寛永二年（一六二五）には神田《こうだ》村・西市場村立会の中井が開かれたともいわれています（『新修池田市史』第二巻、一二六〜一二七ページ）。

また、今在家村（現在の池田市豊島南）には、弁慶の泉と伝承される湧水があります。これは、義経主従が追われて西国街道を逃れ河尻（尼崎）へ行く途中、多田蔵人や豊島冠者の武士団と戦闘して、この泉でのどの渇きをいやしたと伝えられるものです。この泉もまた、灌漑用水として利用されてきました。すなわち、今在家村一帯の灌漑用水として利用されてきたとして、池田市の史跡名勝天然記念物に指定されているものです（一九七八年指定）。

（3）氾濫防止対策の進展

開発と氾濫

さて、先にも少しお話をした元文五年（一七四〇）の猪名川洪水では、小戸庄《おおべのしょう》では戸樋下七〇間の間の堤を押し切り、小戸庄内に広く水が押し寄せ、所によっては田畑の畝も流されてしまいました。なかでも、出在家村では家の床まで水がついたほどのことだったと言われています。

猪名川の堤防は一六日から普請が始まり、小戸庄関係でも、忍藩阿部《おしあべ》家中野陣屋から毎日役人が出て来て作業員に指示しました。駒沢義介という名前の役人でした。二九日にも大水が出たのですが、このときは対岸の古江村の方に水が当たり、出在家村の方はそうでもなかったのですが、なにしろ修復したばかりの堤だったので、堤はまだ土が固まっておらず、弱くて心配したところ、陣屋から派出の役人の熱心な指示と機転で事なきを得たとも書かれています。

ちなみに、阿部家の中野陣屋というものについて、現在の伊丹市にあったという以外、私はいまうまく説明できません。ただ、そこの役人というのはたぶん士分であったと思います。彼は、おそらく土木や農業の専門家、技術者だったのではないでしょうか。そのような人材を幕府や藩などは抱えており、現地に出張させていたということですね。庄屋の五左衛門は、このような人物の有能さに大変感銘を受けています（注）。

（注）石川道子追悼事業実行委員会編『石川道子著作集 近世西摂津の都市と農村』二〇一六年、「武蔵国忍藩の飛地領陣屋―新田中野陣屋の設置と陣屋役人」に詳しい論考があります。

それからもう一つ、このときのことに付け加えておきますと、このとき下流の加茂・久代《くしろ》両村の堤防が切れたので小戸庄は無事だった、と出在家村庄屋は述べています。対岸の古江村についても同じようなことを語っています。言いにくいことですが、彼の頭の中には自村はあっても、他村の被害にはいささか冷淡であったと言えるのではないでしょうか。この時代の村というものが、共同性を強めていこうとはしていても、それはあくまで自村中心で、広い連帯の意識に欠けていたことを示しているように思いました。

実は、元文五年六月の猪名川洪水では、小戸庄だけではなく、各所で猪名川が氾濫し、大きな被害を出していたのです。久代村では、村高六三三石四斗八升六合のうち一二七石四升一合一勺が被害を受けたとされ、とりあえずの引き高として年貢免除が認められています。そしてすべて立ち直るまでに七年はかかったことも記録されています（『市史』第二巻二六六〜二六七ページ）。また、一庫村では、村高の一一パーセントが荒所となり、中流以上の農民が次々と一七人も没落しました。彼らは総計八〇石以上の土地を捨てて家出し、残った村民で耕作を続けたのですが、困窮が進む中、山林の過半を近くの村々に売り渡したとも記録されています（『市史』同上）。

こうした事実を踏まえて猪名川の洪水防止、用水開発などが広い視野で村々の連合事業として企画されていたらなあと思いました。

左岸の古江側から見た猪名川
右側の突き出た岸の部分が元文５年（1740）の洪水でできた川原。旧小戸井堰はこの川原の位置に築かれていた。

いずれにしても、平地部の猪名川中流域の開発はたいへんでした。開発が進むにつれて、そこにおける猪名川の氾濫防止、そのための堤建設は不可避の事業となってくることが想定されます。小戸井構築の歴史を見る中からも、猪名川に対するそうした農業的な開発行為は、一七世紀の初めごろから始まり、一七世紀後半ごろからはより組織的かつ大規模化していることがわかります。だから、そうしたとき、特に河川の氾濫に対処する認識が、村人や幕府などの間にどう生じていたのかが知りたくなってくるのです。

ちなみに、もっと大きな河川の堤については、すでに文禄年間（一五九二〜九六）には豊臣秀吉が淀川堤の普請を命じています。また江戸時代に入ってからは、幕府の勘定奉行の下に国役普請が命じられて行きます。桂川・賀茂川・宇治川・木津川・淀川・神崎川の淀川支流と分流および大和川などです。猪名川筋・武庫川筋もこの中に含まれていくようですが、能勢郡・川辺郡・豊島郡の上～中流の普請は文化五年（一八〇八）以後のことで、この間は、領主による御入用普請か、村々の自普請で対応させられたといわれています。

もっとも、堤修復の負担は相当重いものでした。これは山間部の中流域ですが、たとえば、延宝二年（一六七四）の洪水では東多田・平野村地内の塩川堤が八〇〇間にわたって切れます。そのとき、多田院別当は東多田堤の公儀御入用普請を願い出ています。普請坪数は三四六〇坪、所要人足は二万四二七〇人に上るものでした。また、延宝四年には、高槻藩永井日向守直清が築いた東多田村の日向殿堤の修復を出願し、五七七七坪、四万八九九三人の人夫数を計上しています。さらに、延宝六年の神領堤の修復に際しては金一〇〇〇両を超す数字が出ています（以上は『市史』第二巻二〇〇～二〇二ページ）。

平野部の猪名川堤の始まりについて

では、平地部ではいったいいつのころから猪名川に堤を作るようになったのでしょうか。ちなみに、先ほど来見てきた一七世紀以降の小戸井構築の歴史の中では、一八世紀半ばの元文年間の水害については、それに関わって堤の話が出てきていました。しかし、それより前のことについては明確な記述はないのですね。

どうも私たちはあいまいに歴史を見てきていたように思います。そこで、以下は、様々な史料を検討しながら、この堤構築の問題について改めて考察して行きます。

さて、「出在家村記録帳」という記録が残されています（『市史』第五巻三八六～三九〇ページ）。その表紙には、「天正一九年（一五九一）よりは古書にて年代が確定できる」と記載されています。つまり、きちんと古文書を見て年代を確定していたのですね。だから、そこでの記述はまず信じていいと判断いたします。

この記録によれば、元和四年（一六一八）すなわち、大坂落城の三年後ですが、六月二五日に大水が出て、「かわらけ畑の東より大ぶけの東まで切れ、この年仮堤を築き立てた」とあります。これが「堤」の文字が見える最初の出来事として記録されています。「切れた」というのは、何かが切れたのであって、それも堤ではないかとも思われるのですが、それは自然に形成されていた川岸だったのかもしれません。そして、この年「仮堤」を築き立てたとあるからには、これが最初の人工的な堤だったと言うべきでしょう。

この記録には、この年を初めとして、同六年には出在家堤に土砂置きの作業のため庄内の人足四五〇人が出たとか、寛永三年（一六二六）には菜洗《なあらい》上手堤の腹置き・かさ置きに庄内の人足二五〇人が一一日間動員されたこととか、その昼食は村が提供したこととか、同八年には大水が出て堤が大破したこととか、そして同九年には人足が出て堤を築き上げたことなど、こまごまと記されています。

つぎに、「久代村古記録」という記録を見てみましょう。中世の記録も一部含まれている久代《くしろ》村の古

記録です。ここにも重要な記事が書かれています。すなわち、

加茂村領境ヨリ北村領境マテ
猪名川堤　七百三拾五間　加茂領共八百十六間　久代村領

との書き出しで、この堤が寛永六年（一六二九）に領主である阿部備中守によって築かれたときから、同一の領地であるからとして、一部加茂村領を含めて、その後は久代村が修理を続けるように命じられたといういきさつが記載されているのです（『市史』第五巻四〇三ページ）。つまり、久代村の猪名川堤は寛永六年の構築であること、領主がそれを築いたこと、その後の修復は一部加茂村領も含め村側に命じたこと、こうしたことがはっきりと分かります。

一方、貞享四年（一六八七）小戸庄《おおべの》が新堰を作るとき対岸の古江村《ふるえ》と交わした証文には、古江村が抱いた懸念として、「つゝみの障り」という指摘がなされていました。ここでは、猪名川の対岸、豊島郡側の古江村にこのとき堤が築かれていたことが示されていたわけです。また、この翌年の貞享五年池田川筋（猪名川筋のこと）に黒岩平十郎が舟運を開きたいという願いを出してきたとき、小戸庄村々がこぞって反対しますが、その時の理由の中に、「小戸庄の内、出在家村堤、長さ三百五拾間余御座候内、字なあらい堤は久安寺川の突き当てにて、数度御公儀様より御普請仰せ付け下させられ候」（『市史』五一三ページ）ともあります。出在家村の堤については、元和四年（一六一八）以降築かれ始めていたことは、すでにさっきの「出在家村記録帳」を使って説明したところでしたが、その堤には字菜洗という、構造的に破れやすい箇所を持っていたことが、ここに示されています。

さて、もうお分かりかと思います。これらの史料を全体として検討してみれば、一七世紀初頭、江戸時代のごく初期、すでに幕府やその他の領主は平地部の猪名川に堤を築き始めていたのです。また、村の人々はその堤についての構造的な弱点など、体験的かとは思いますが、よく知るようになっていたのですね。堤の構築は、猪名川本流を農耕地拡大のための用水源として位置づけようという志向がこの流域の人びとの間に生じ始めていた時期とまさに重なり合うときだったのです。

もう一度確認しておきましょう。耕地の開発、そしてそのための井堰と用水井の構築は、洪水を防ぐための川の堤構築と深く関連していたのです。

小戸井や、その下流の加茂井が小規模ながら取水のための工事を開始したのは一七世紀に入ったころと考えていいでしょう。小戸井についてはすでに詳しく確認していますから、この時期は問題ないところです。ただ、加茂井についてははっきりとはしていません。『市史』第二巻（通史編）二〇二ページには「承応三年（一六五四）井親加茂村が猪名川をせきとめて井堰をつくり、新溝を掘った」と記述しているので、これが加茂井の始まりかもしれません。しかし、これはもっと以前になにかあったのが拡張したものかもしれないと考えると、加茂井の始まりも一七世紀の初めごろに持っていってもいいのかな、とも言えるような気がしています。

これを別の角度から述べると、滝山村・出在家村・小戸村・小花村・下加茂村など、平地部の猪名川本流に近い村々が、おそらく鎌倉末期から室町期のころとは思うのですが、いつのころからか開発されていきました。そのとき、いまだ流路定まらない（と想定しています）猪名川本流の制御はどう考えら

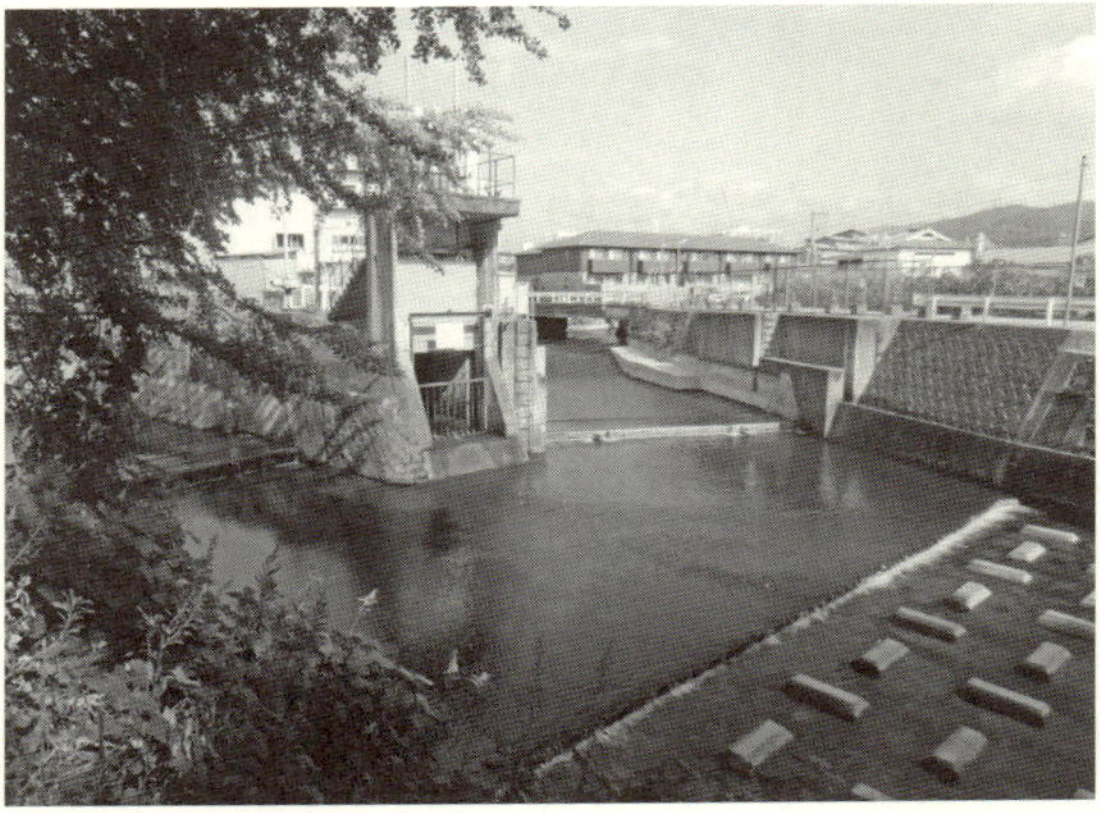

加茂井用水と最明寺川の合流点
加茂井は旧加茂村を井親とし、久代から現在の伊丹市内に広く農業用水を供給している。写真右側に見えるのが加茂井。左側は最明寺川、加茂井は、この場所から最明寺川の右岸に移って下流に流れる。

れていたのでしょうか。彼らは、江戸時代が始まるころまでにどんな体験をしてきていたのでしょうか。

現代に生きる私たちは、梅雨時や台風襲来直後の猪名川が上流地域に大量に降った雨水をいっぱいに湛え、堤のうちをごうごうと流れ下る様を見ています（ただし、現在は上流に築いた一庫ダムによる水量の調節があることにも注意しておく必要があります）。またそのとき、この川の威力というものに強い畏怖の念を抱きます。この気持ちは、平地に人工的な堤がまだなかった時代にはどうだったのでしょう。そのとき川に近づく暮しを築こうとすれば、いつなんどき暴れ始めるかわからない猪名川をどうするか、この問題を何とかしようとするのは当然のことではないでしょうか。

これらの集落は微高地か、高台の上に営まれています。村ができ、集落ができたときには猪名川の氾濫を意識していたことは明らかです。ではその農地はどのように展開していたのでしょうか。大きな権力をもち、生産力を増やそうとした幕府や諸大名が、村びとの農耕地拡大を支える装置として、しっかりした堤を平地部において築いていこうと考えるのは当然のことと言えるのかもしれません。それは猪名川について言うならば、幕府草創の直後からと言ってもいいでしょう。

では、このときの堤は、今の時点でいえば、いったいどの位置に、どんな規模をもって築かれたのでしょうか。すくなくとも、現在の堤防の位置と同じと考えるわけにはいかないでしょう（注）。また、どのような人がその構造を考え、指示したのでしょうか。その構造を決めた根拠はどんなところに求められたのでしょうか。これらについては、今はすでに人々の記憶のかなたにかすんでしまっていると言わざるを得ません。

（注）この点、明治二〇年ごろに作成されていった陸軍仮製地図は大きな参考資料となるものと考えられます。十分な検討が必要でしょう。

ところで、久代新田の開発は一六世紀末の天正年間（一五七三～九二）ごろから猪名川東岸の神田村《こうだ》（池田市）と西岸の久代村《くしろ》の両村の者によって始められたことがわかっています（「久代村古記録」）。そこで問題になるのは次のようなことですね。すなわち、このとき、川に堤は築かれていたのでしょうか。あるいは築こうとしていたのでしょうか。自然の堤防はどうなっていたのでしょうか。また、それをやろうとしたのは誰だったのか。こういうことです。しかし、これらのことについても、それを明確にする記録は、まだ見つけられていません（『市史』第五巻三九二～三九三ページ）。はがゆいことですが、今後の大きな課題だと思います。

江戸時代後半期における堤構築の状況

ところで、各種の村明細帳には、一八世紀後半から一九世紀前半、すなわち江戸時代後半期から幕末に至るまでの猪名川本流に沿う各村の堤の様子ですね、これを割合詳しく記しています。そこで、近世後期の各村についてはどうであったのか、山間部・平野部を問わず、どのような記録が掲載されているのかを確認してみます。

最初に、村明細帳があっても堤の記載が見当たらない村々を挙げておきます。黒川村・一庫《ひとくら》村・山下下財《やましたげざい》町・見野《みの》村・西畦野《うねの》村・矢問《やとう》村・多田院村・西多田村・満願寺村・火打《ひうち》村の一〇ヶ町村です。これらの町村の集落は、いずれも猪名川の上流から中流域にかけての山間部か、あるいは平地にあっても地形的な高地にあります。地形を思い描いていただければよくわかると思いますが、猪名川やその大きな支流の河岸段丘上に位置するか、そうした川から離れている町村ばかりですね。すくなくとも集落についていえば、洪水防御のために堤を作る必要性が感じられにくい所の村ばかりです。ただし、一庫村の農地が元文五年の洪水で大きな被害を受けたことは、すでに述べたとおりです。また、多田院村でも延宝年間に大きな洪水の被害を受けていますし、東多田村および矢問村と並んで現在でも、一庫ダムが機能を発揮するまで、街道と農地、そして住宅地に何度も水がつかったという経験が語られています。これらは、村々の地形と洪水被害の経験知という観点で大いに検討を要するところです。

いずれにしても、鼓滝《つづみがたき》の所からは平地部に入り、かつ下るほど、猪名川の川幅が広がり、堤も大規模になっていきます。では村ごとに史料を見ていきましょう。少し厄介ですが、つぎのようになっています。（メートル法への換算は省略します。一間はおよそ一・八メートル、一尺は同じく三〇センチ、なお、一間は六尺です。）

1、国崎村

ここは、宝暦七年（一七五七）の段階で「堤、川所御普請所七ヶ所　すべて稲川通り」です。個別の詳細は略しますが、堤の長さは一二間から四〇間までの間、高さは一間以下となっています。

（「国崎村差出明細帳」）

2、東多田村

慶応四年（一八六八）の段階で猪名川通に「堤、長さ弐百八拾三間」となっています。場所は平野村境から古江村境まで。

（「東多田村差出明細帳」）

3、石道村

明和五年（一七六八）の段階で

流田

一、猪名川筋堤　長六拾間　根置三間　高壱間半　馬踏壱間

との記述のほか八ヶ所の記載があります。

また、「右九ヶ所、前々より御公儀様御入用を以て御普請所」とも述べられています。

（「石道村差出明細帳」）

4、出在家村

ここから平野部ですね。この村では、宝暦五年（一七五五）の段階で猪名川に

一、堤、長さ四百八拾間　敷四間　高さ弐間　馬踏五尺　平均

とあります。また、これは川上の萩原村古宮跡東より川下の小戸村領境までで、根置が八間あるいは四間または弐間、所々にて不同があるとされています。（「出在家村明細帳」）

次に、慶応四年（一八六八）段階では

一、猪名川筋字菜洗堤根、大水度々につき崩落、大杭木を以て関留め

とあります。

「入用銀は庄七ヶ村より割合を以て漸々関留め置き申し候、とても小村の儀に付き、この後致し方御座なく候、この段御聞き置き下さるべく候」（「出在家村書上帳」）

との記述もあります。

洪水に弱い箇所を抱えていたことが確認されています。堤防の強化は村の命綱だったわけです。

5、小戸村

宝暦六年（一七五六）段階の記録です。

まず猪名川本流の堤。これは次のようになっています。

猪名川筋天王岩より行人塚まで

一、堤、長さ弐百弐拾七間　根置三間　高さ七尺　馬踏壱間半　但し平均

右井堰ならびに伏樋・筧・川筋堤・川除・溝筋・井堰敷石等破損修復の節は御入用竹木仕替え代銀・人足
扶持下し置かれ候

この村は井堰のみならず、堤についてもお上から手厚い手当があったのですね。

つぎは、この村にもつくられた加茂井用水溝に関する堤の記述です。

猪名川筋天王前よりよけ樋まで
一、堤、長さ百三拾三間　加茂井用水溝堤
右破損修復の節は先年より加茂井郷にて致し来り申し候

（「小戸村付込帳」）

とあります。

6、萩原村

文政一〇年（一八二七）段階で、これは猪名川に流れ込む支流の新川に付けられた堤です。

字新川
一、堤、長さ延弐百六十間　堤根置弐間半 高さ七尺 馬踏四尺 但し平均　但し川幅八尺
右川の儀は当村井懸り小高に御座候に付き、小戸庄中より毎年合力を請け、修復仕り来り申し候

（「萩原村明細帳」）

とあります。

7、小花村

宝暦六年（一七五六）段階、つまり小戸井の新しい井堰が出来上がったときの記録で、猪名川筋につくられた堤です。

猪名川筋
一、堤、長さ三百六拾八間　根置六間　高さ弐間　馬踏壱間　但し平均
右伏樋・筧・川筋堤川除等破損修復の節は、御入用竹木仕替え代銀・人足扶持下し置かれ候、立会の分は高割にて御入用置かれ候
（「小花村付込帳」）

とあります。

8、寺畑村

天保三年（一八三二）段階の記録です。一〇ヶ所にわたり次のように記載されています。寺畑村には猪名川筋に関わる堤の記載はなく、猪名川支流の最明寺川とその支流（中川）に関する堤の記録ばかりです。

一、最明寺川　北堤、百三拾六間　南側、百廿七間　寺畑村・栄根村立会　根置平均六間
右川筋堤、水除け土砂留場破損修復の節は、御入用竹木代銀ならびに川筋土砂浚人足扶持下し置かれ候

字中川
一、川長四百弐拾弐間　川幅平均弐間
これは年々御普請請け、成し下せられ候
（以下、いやヶ谷川ほか八河川名の記載がありますが、煩雑なので省略します）
（「寺畑村差出明細帳」）

最明寺川は、規模の割によく荒れる川で、流域の寺畑村・平井村（宝塚市）など低地に耕地を

持つ村々にとって、その制御はつねに大きな問題となり続けています。

9、栄根村

文化一二年（一八一五）段階で以下五ヶ所についての記述があります。このうち猪名川筋は最初の一件だけです。他は最明寺川とその支流に関するものばかりです。

猪名川筋
一、堤、長さ百拾間　根置六間半　高さ六尺五寸　馬踏弐間半　但し平均
沢
一、堤、長さ七拾六間　根置四間　高さ七尺　馬踏七尺　但し平均
田子脇
一、土砂留場、壱ヶ所　東西六間半　南北拾五間　但し平均
同所
一、堤、長さ五拾五間　根置三間　高さ六尺五寸　馬踏壱間　但し平均
最明寺川筋北堤
一、堤、長さ百三拾六間　根置弐間　高さ五尺　馬踏五尺　但し平均　栄根・寺畑立会

（「栄根村諸色付込帳」）

10、加茂村

文政八年（一八二五）段階の記録です。猪名川はこの村から藻川を分流させます。藻川も大き

な川となって流れ、最後に猪名川とともに神崎川に流れ込みます。

藻川筋三女房
一、堤、長さ百五間　根置八間　高さ壱間半　馬踏壱間　但し平均
猪名川筋字尾なし
一、堤、長さ弐百六拾八間　根置八間　高さ弐間半　馬踏弐間　但し平均
猪名川筋字小出
一、堤、長さ弐百六拾八間　根置八間　高さ弐間半　馬踏弐間半　但し平均
西堤
一、堤、長さ百拾弐間　根置八間　高さ弐間半　馬踏弐間半　但し平均
猪名川筋
一、井出堤、長さ百六拾七間　根置弐間半　高さ壱間弐尺　馬踏壱間　但し平均

（「加茂村差出明細帳」）

以上です。たくさん出てきましたので、解読するのは大変だったと存じます。解りにくかった方はもう一度見直してください。書かれていることはだんだんと解ってくるものです。いずれの村も猪名川本流は言うまでもなく、その支流や分流にも目くばせし、洪水防御の必要性がよく認識されていると思います。

このように、一八世紀後半から一九世紀前半にかけて、すなわち江戸時代後半から幕末までの時期に

ついて言えば、間違いなく、猪名川堤は平地を流れる川西市域の村々の風景となっていたのです。たぶん、平地部の川筋は支流・分流も含め、すべて堤でおおわれていたのだと思います。村びとは幕府や諸大名と関係を深めつつ、この堤の維持・強化に日々油断を怠らなかったと言わなければなりません。おそらく、明治後半期、改めて国家的視点で統一的な堤防が築かれ直されるまで、この風景は続いていったと思います。今後、これらの詳細について判明できる、しっかりした記録や文書が出てきてほしいものです。

多田新田地区に残る古い堤跡点
ただし、これは近代になって造られたものかもしれない。

ふぞろいな仕様の堤防工事

ところで、ここで面白いことにひとつ気が付いたので、ちょっと指摘をしておきます。それは同じ猪名川本流に付けられた堤の仕様が村によってまちまちだということです。現在の鼓滝から平地に出てきて以降の猪名川沿いの村は、今見てきたところの村明細帳に記載されたところでは出在家《でざいけ》村―小戸《おおべ》村―小花《おばな》村―栄根《さかね》村―加茂《かも》村となります。最も上手の滝山村と下手の久代《くしろ》村の記録がないので、残念ですが、この五ヶ村の猪名川の堤を比較してみます。

まず、堤の根置です。「敷」と表現されているのも根置と考えてよさそうです（注）。すると、出在家村では四間、小戸村では三間、小花村では六間、栄根村では六間半、加茂村では八間となっています。常識では下流に行くほど川幅も広くなるから、堤もしっかり作らなければなりません。だから、ほぼこれでいいようにも見えます。しかし、この中で小戸村の三間というのが目を引きますね。ただし、出在家村の四間というのも平均値で、所によって八間・四間・二間と随分大きな違いがあるとも書かれています。

（注）この「根置」という文字、これはどう発音するのでしょう。よくわかりません。文字を見ると素直に「ねおき」と読むような感じもします。しかし、「ねき」という読み方もあるのではとも考えています。現在でも関西の人間は、「ねき」という言葉を使います。ただ、それは「木のねき」といったように、地上に接する部分を指す、また傍らを指す言葉です。堤の「根置」を「つつみのねき」と呼んでいたのかどうか、これで良いような気もするし、しかし、やはり分からないと言わざるを得ません。

次に堤の高さを見てみましょう。出在家村では二間、小戸村では七尺（一間と一尺）、小花村では二間、栄根村では六尺五寸（一間と五寸）、そして加茂村では一間半となっています。馬踏（上部の幅）についても、五尺、一間半、一間、二間半、一間となっていて、そろっていません。

なぜこのような不ぞろいが生じているのでしょうか。国家的視点から見る統一規格の存在を常識と考える現在の人間から見るとなかなか理解できないところです。

さて、この問題についてですが、これらの堤の工事が各村の宰領に任される部分が大きかったと考えたらどうでしょうか。工事を担当した村では、地形を考え、洪水の経験を踏まえ、堤の仕様を決定します。また、幕府や藩も一定の範囲内であればそれを認めます。問題はこのとき、関係する村々の間での話し合いがどうだったのかという所です。まさに、ここに江戸時代の洪水対策の特徴が現われていたのではないでしょうか。

幕府は大きなところでは規制しても、たぶん個々の工事は相当のところまで地元の判断にゆだねていたのでしょう。前の方でも述べておいたところですが、幕府は中世以来共同体として成長してきた村と村人をやみくもに上から権力的に抑え込むのでなく、その存在を認め、その力を利用することも積極的に志向していました。このような姿勢の存在ゆえに、工事についても、一方的に規格を押し付けなかったのではないかということです。しかし、村側では村同士の話し合いによる統一を十分図っていなかったのではないでしょうか。特に、対岸の堤の仕様はその反対側の水害に直接関係してきます。そうした話し合いが村同士の間でどう行われたのか。少し前にも指摘しておきましたが、共同体としてのまとまりは自村にとどまるものかと、やはり疑問に感じてくるところです。

（4）猪名川の多様な価値の発見

川の幸をめぐって

猪名川上流でおいしいアユがとれるというのは、戦後になっても釣り人の間でよく知られた話であったようです。もちろん、アユやその他の川魚の存在は、源満仲が多田に入ってきたときにも彼らの生活に大きな役割を果たしたことを推測しておきました。アユやその他の川魚と人々とのかかわり、これは、基本的には有史以来ずっと続いてきたと思います。

しかし、先ほど詳しく見てきた村明細帳などを見ると、そこには川での漁に関わる顕著な動きは何ら記載されていません。それればかりか、「川漁　無御座候」（明和五年石道村差出帳）といったつれない記述を見かけることも少なくありません。これは、どういうことなのでしょうか。

私は、本業としての川の漁師がいなかったということを村々が主張していたのだと考えています。実際は、アユなどの川魚をとり、それを収入の足しにしていた、すなわち副業とはいえ、職業にしていた人々は少なからず存在していたのです。そのことは、以下の二つの史料から明らかです。

一つは、寛政一〇年（一七九八）三月に東多田村と矢問《やとう》村から連名で多田院に提出された訴え状です。これは、アユ漁のできる鼓滝《つづみがたき》の所属をめぐって古江村（池田市）と争ったものです。東多田村と矢問村の言い分は、先年より三月ごろには農業の手すきに鼓滝落ち口で汲み鮎を行い、少しずつ渡世の足しにしていたところ、近年この鼓滝に古江村の者が来て、汲み鮎の妨害をし、そのうえ鼓滝は古江領だと言い張ってきているとしたうえで、この年、またそれを行っていることを述べ、これは村の者どうしでは解決できないので、多田院のご威光でもって古江村の者の横暴をやめさせてほしいというのです。

この訴え状だけですと、古江村には全く分はないようですが、この二年後、寛政一二年四月にまとめられた和談の取替証文では、鼓滝内の場所を定めて漁をするよう場所の権利を相互に分け合っています。

このように、鼓滝でとれるアユを生活の足しにしていたという所、そしてそれを村が保証しようとしていた所に、江戸時代の村びとのくらしの真実が見えているようです。

つぎに、天保六年（一八三五）七月、虫生《むしう》村・平野村・西畦野村・東畦野村・山原《やまのはら》村・一庫《ひとくら》村・国崎村・民田《たみだ》村（これは猪名川町）が連名で大津御役所に宛てて出した願い状です。この願い状は、摂津国西成郡大和田村・佃《つくだ》村の両村と、池田村および寺畑村の両村の者らが、ふと今挙げた村方にきて漁業に入った、という事件をきっかけに出されました。虫生村以下の村々では、宝暦年中（一七五一～一七六四）萩原藤七郎様御支配のとき運上川に仰せつけられ、アユの運上銀を上納してきていたと、そこには書かれています。やはり、猪名川のアユ漁の盛んであったことを物語っているのではないでしょうか。つまり、ここでも一定以上のアユの採取と販売があったということ、そしてそれを村が仕切っていたということです。

だから、大和田村ほかの侵入は明らかに漁場荒らしですね。それで、取り締まってほしいと村から願い出たのです。その結果、池田村と寺畑村の行動に対しては言い分を認められたのですが、大和田村と佃村については特別な由緒書きがあって、それを見せていただいた上は、漁業禁止は言いませんが、両村の下請けと称して他の村々の者が勝手にアユ漁を実施する事だけはさせないようにしてほしいというものでした。ちなみに、大和田村と佃村の漁師の免状というのは、徳川家康がこの両村に限って渡した、全国どこでも漁をすることを許すというお墨付きのことで、結構よく知られたものです。しかし、これがこのように実際に有効性を発揮していたことを示す史料は珍しいものです。

要するに、江戸時代の後期には猪名川のアユなど川漁は、半ば職業化されて結構活発に行われていた

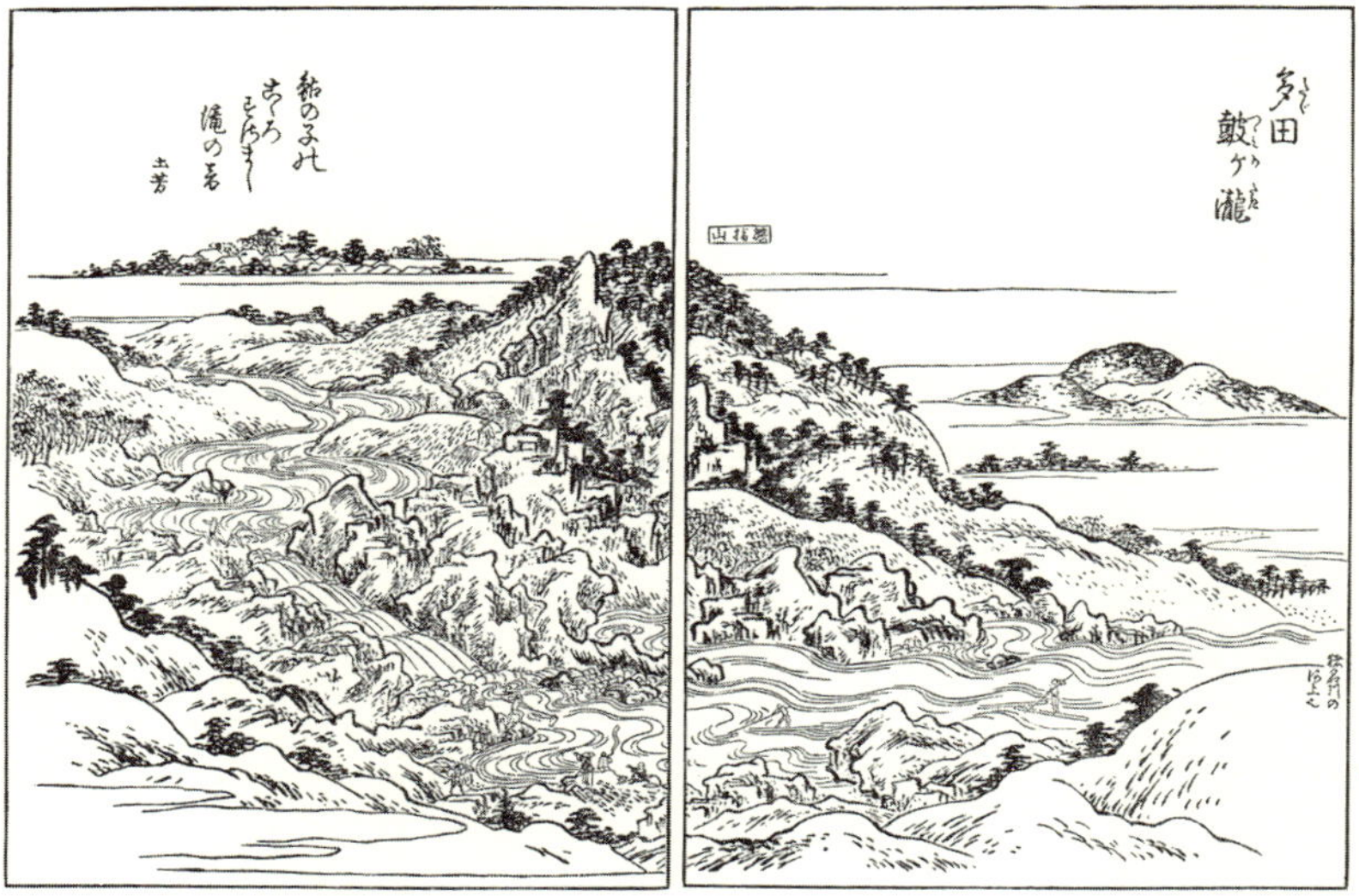

『摂津名所図会』鼓滝の汲み鮎
中央下部付近に網で漁する人物が描かれています（右下拡大図）。また、ここでは丸太を流す様子（155ページ参照）、山道を歩く旅人なども描かれています。

ことが分かります。それを、村が「川漁　無御座候」などと報告するというのは、ではいったいなぜでしょう。ここに、江戸時代の川利用と村との関係が示されているように思われます。つまり、アユ漁を職業的に行う者がいても、彼はあくまで村の百姓であり、その統制下、農業仕事の合間の川漁であったと位置づけられたこ

とが大事なところかと思います。村は、そうした村びとの川漁を、村という立場から見て農業にかわる本業的な存在とは位置づけていなかったということです。しかし、村びとの生業は村を構成する村びとの生業としてそれを守るという姿勢は貫徹させます。まさに、川に関わるすべてを仕切るというのが村の立場であったわけです。そしてそれは幕府も、諸大名等も認めていたということです。

なお、少しテーマが違いますが、猪名川のアユ漁をめぐってはもう一つ見ておくべき史実があります。それは、田地の汚染問題でもあるのですが、いわゆる多田銀銅山の稼行に関わることで、鉱毒の被害に遭ったことのある村が何ヶ村かはあったということです。『市史』第五巻には、文政一三年（一八三〇）六月、高詰銅山の開掘をめぐって西多田村と芋生村で、両村内在住の鉱山稼ぎ人と両村側とで、田地への鉱毒水等の流入を防ぐ方法と賠償の規定をめぐって交渉が行われています（『市史』第五巻一七六〜一七九ページ）。また、享保六年（一七二一）「国崎村明細帳」では「当村之儀銅山多御座候故、谷々より悪水入込申候、其上横路村よりかな山悪水落込申候」（『市史』第五巻二三一ページ）と、鉱毒の影響が具体的に指摘されています。鉱山は、村の支配ではなかったものですから、ここでも村が主体となって相手を立てて交渉したわけです。

革の晒し

文政六年（一八二三）一橋家は、摂津国川辺《かわべ》郡・豊島《てしま》郡・島下《しましも》郡を領するようになって（『市史』第五巻一〇〇ページ）、その村々を知るために村の概略を書き上げています。そのなかに火打《ひうち》村の皮革業について記述した箇所があります。近代になって大を成す皮革産業の始まりを記した記録でもあり、また同時に猪名川の工業的利用の始まりとしても注目できる記録です。そこで、以下、関係個所を引用してみます（『市史』第五巻三七〇ページ）。

靼革《なめしがわ》ニ造り候革類は摂州渡辺村より神崎まで舟積ニいたし、夫より陸通運送いたし、須曝《すべからくさらし》致候場所は、池田村より上、木部村迄五六町之間、猪名川ニ而曝候由、右場所は火打村より凡八町程有之

摂津国渡辺村から船と陸路で運ばれてきた革類が、猪名川の水で晒されたことが示されています。その場所も「池田村より上、木部村までの間の五、六町（五〇〇～六〇〇メートル）」と明瞭に述べられています。では、いったいどれほどの量が晒されたのでしょうか。それはこのあと、どのような所に運ばれ、あるいは加工されたのでしょうか。また、それによる収入はどれほどのものがあったのでしょうか。従事した人数なども知りたいところですが、このときのことについては、いずれも詳しいことはわかりません。ただし、明治一〇年の記録はあります（「火打村　明治拾年物産取調書」『市史』第六巻一七七～一九三ページ）。すなわち、明治一〇年には「近来営業用皮高価ノ上、当拾年ハ牛馬皮共諸国ヨリ積登事殆トスクナシ、製造係諸物高価ニ成、製皮之上輸出之時ハ下価トナリ利子得ル事少シ」と、原料である皮の受け入れが少ないこと（注）を嘆きながらも、牛皮五〇〇枚、馬皮三五〇〇枚、朝鮮子牛皮三万枚、その他の輸入があったことを記しています。また、靼《なめしがわ》製造戸数三五戸（うち一戸が専業、雇入人あり）、筆上毛職二二戸、筆毛職六戸なども記されています。火打村は大きな製造村となっていたことが分か

ると思います。

（注）これは、おそらくこの年に戦われた西南戦争の影響かと思われます。戦時需要に皮を奪われたということかと思います。

ところで、天保二年（一八三一）作成の「火打村差出明細帳」には、寛永一〇年（一六三三）七月の三代将軍家光の上洛に際し、革の鉡綱《はづな》（端綱）を献上し、それが代々の将軍継嗣に際しての恒例行事となったことが詳しく記されています（『市史』第五巻三二一ページ）。鉡綱とは、馬の口につけて引く綱のことです。将軍への献上品ですから、おそらく立派な革で作ったもので、言うまでもなく大変名誉あることとされたのです。その火打村が、遅くとも江戸時代後期には日常的な革の晒しが猪名川で行われているような工業村になっていたのです。

もちろん、皮革生産の作業は村の主要産業として、村の名において行われていたと考えるべきでしょう。火打村においては他の村々が農業生産に傾斜している中、村の産業として皮革事業に力を注いでいた、そしてそれは猪名川の流れと切り離せなかったと考えれば、いいのではないでしょうか。猪名川の一つの歴史として、これもきちんと記憶しておきたいことです。

物資の輸送路

猪名川は、物資と人の移動する通路として、近世になると大きく変貌する可能性を示すようになります。それは、川の流れそのものの利用という側面と、川の流路が開いていった川沿いの平地の利用という両面において実現させられていったものと思います。

川の流れそのものの利用については、少し後に取っておきます。ここではまず、川の流路が開いていた川沿い平地の利用という側面について説明しましょう。それは道路、つまり街道の形成ということです。

街道の原初形態は中世社会の中に見られました。このことはすでにお話ししております。ここでは、近世社会に移り替わったころの慶長国絵図のなかに描かれた街道というか、村々を結ぶ道路が猪名川の自然に開いていた川沿いの平地を通っていることに注目したいと思います。もちろん、多くの道路の中には有馬街道のように一里塚の設置など立派な設備をもった本格的な街道もあれば、村と村を繋ぐだけといった、未完成な街道予備コースのようなものまであります。しかし、そのような道の中で、たとえば銀山から山下町を経て池田にまで馬や牛の背につけた鉱石を運ぶ道が整備されてきているのです。また、寛文年間（一六六一～一六七三）以降徳川幕府の多田院再興の意思の下（注）、尊厳に満ちた多田院に参詣する様々な人々をいざなう多田御社道のような街道も出来上がってきます。

（注）第二七世多田院別当智栄による多田院再興運動の実態とその意義については、『市史』第二巻一五一～一五八ページ、および小田寿子「多田院別当について―多田院墓地の調査をして」『遊心』第二四号、平成二五年、を参照してください。

しかし、そのなかでは、例えば鼓滝の所のように、猪名川の地形によっては移動を阻まれる場所もあることが認識されてきます。当初は、そのためそのような場所では阿児《あご》坂や横山峠のような山越えを余

儀なくされます。しかし、交通量が増加すると、改めて川沿いの道の拡幅に取り組むこととなってい
くのです。嘉永五年（一八五二）一一月、木部村新右衛門と多田新田村善兵衛の両名が鼓滝川沿いの細い古道を修理したいとの願いを出しています。その願書には、年貢米の輸送、多田銀銅山の鉱物輸送など、往来する人馬の助けになると述べられています（『市史』第五巻五〇八～五〇九ページ）。交通量が増加すると、川がつくった自然の難所にも改造の意思がこのように示されることとなってくるのです。こうして、猪名川を知り、陸上からとはいえ、体験する人の数が、近世期を通じて増えていったことも見ておきたいと思います。

猪名川通船の開始

寛永年間（一六二四～四四）以来、猪名川を往復する川船の営業願いは何度も出されています。許可願いは基本的に幕府に関わる所に出されましたが、通船を企画する者のありように対応するように、具体的には堤奉行、大坂町奉行あるいは江戸の勘定奉行であったりしました。ただ、いずれにしても、猪名川に大きな利害関係を持つ村々、および通運関係業者との調整が難物であったようです。特に、水利施設について言えば、貞享四年（一六八七）小戸井堰の常堰化は川利用の条件を大きく変えました。定堰後は、それが明らかに通船の障りになりました。もちろん、小戸井の川下にある加茂井・九名《くめ》井・三平井などとも合わせ考えてみる必要があります。だから、通船業者は、輸送物資のありようも考慮しながら、村々の理解を得られるよう、また、輸送特権も持っていた池田の馬借たちの反対も押さえられる

よう、さまざまな提案を繰り返したのです。江戸時代の猪名川通船は、これらとの調整に悩み続けさせられた歴史でもあったと言っていいでしょう（注）。

（注）中川すがね「猪名川通船と船着場―下河原と雲上坂下―」『地域研究いたみ』第四〇号、二〇一一年。

猪名川通船の目的は、当初は上流の山間部の村々と池田、神崎、大坂を結び、奥地の年貢や商品あるいは銀・銅などの鉱産物を輸送しようというものでした。すなわち、寛文年間（一六六一～一六七三）のころには多田院の修復工事が進展し、あるいは銀銅山からの鉱物の輸送が増えていた時でした。だから、修復用の木材など上流に産出するものを流下し、あるいはその他の必要資材を大坂・京都などから調達するため猪名川の長い距離にわたる利用が求められたのです。ただし、それは、多少は存在していたとはいえ、まだ井堰など、途中にある人為的な障害物はそう深刻なものではない時期でもありました。ただし、鼓滝は難所であり、ここの改修は不可避のことでした。

川船導入の狙いは、元禄期（一六八八～一七〇四）以降になると池田酒、そして宝暦期（一七五一～一七六四）には伊丹酒の移出を目的とするものへと移っていきます。流域の産業活動に対応しようとしたのですね。もちろん、すでに確認していますように、このころになると、一般的には小戸井堰などの存在も考慮しなければならなくなりますが、幸いなことに、小戸井堰の位置は池田よりも上流であったので、小戸井堰を越えた上流までの通船は考えることはありませんでした。

しかし、いずれの場合にも、通船許可はなかなか与えられませんでした。特に難物だったのが荷物を奪われる恐れが強い池田の馬借の反対だったことはよく知られています。ようやく天明四年（一七八四）

になって伏見役所付船元締坪井喜六らの出願に許可が与えられ、わずかに下河原《しもがわら》から戸ノ内《とのうち》までの通船が始まることとなるのです。

猪名川通船をめぐるこのような変遷は、物資の輸送にとって持つ猪名川の意義、それから猪名川の水利施設のありようの歴史的変遷と関係していたことを示しています。ところで、このことについては、井堰を抱える村の側から見た議論の中にも見ていくことができます。先に少し紹介したこともありましたが、池田を終点とする通船事業の開始に際して、貞享五年一〇月に小戸庄の村々が小堀仁右衛門に宛てて提出した口上書があります（『市史』第五巻五一三ページ）。この口上書における小戸庄の主張の論理展開をみてみましょう。

村側ではまず、「小戸庄井関　御公儀様より日用御普請」に仰せつけられた事実を指摘します。「日用」というのは「費用」と読めばよく分かります。小戸井堰は公儀普請の井堰だと言っているのですね。だから、「井関ニ構不申候様ニ」つまり、井堰より下流にある久安寺川の落合（合流点）にて荷物の舟積みをするのであれば、井堰には関係ないと述べ、「しかしながら」と続けます。以下要点を述べますと、「しかしながら、小戸庄のうち出在家村堤長さ三五〇間余りあるうち、字なあらい堤は久安寺川の突き当りだから、数回公儀から御普請を命じられ、昨年も二回洪水の害を蒙って、今年も御普請くださるよう堤奉行にお願いしているところです。というわけで、百姓である我々はいいのですが、公儀ではどうなんでしょうか」と、こう述べています。見事に通船可否の判断を堤破壊の可否の問題に転じ、その結論を公儀に預けたわけですね。

しかも、この口上書にはもう一点、小戸庄の事情を付け加えています。それは、小戸庄内に山中からの荷付け馬一三匹あって、また無高の百姓のなかには陸荷持ちをして世を送る者があるが、この者どもは川船が入るようになれば、自分が運ぶ荷物はなくなるだろうと心配もしていますと述べているのです。川船は、輸送の便を図り結構なことだというだけでは駄目で、川沿いの村の意向、さらに、物資運送に従事する村びとの反対が大きな意味を持っていたのです。もちろん、対岸の池田における馬借たちの存在も、大きいものがありました。とくに馬借というのは幕府から認められた特権でもありましたから。

もっとも山間部の村の側ではどうだったのでしょうか。そういえば、村々の明細帳にも、年貢の津出しのことが記されています。そこでは、年貢米等はすべて神崎まで陸路を通り、神崎で舟積みするようになっていることが述べられています。これについては、最初の五里までは費用は村持ちであることも記されていて、ここで川船が利用できれば村側の負担する輸送費が節約できたと思われます。しかし、それを行おうとした動きは見当たらないのです。こういうあたりも、もっと史料を検討し、内実を解明していかなければならない課題だと考えています。

『摂津名所図会』と猪名川

『摂津名所図会』という書物が寛政八年(一七九六)から一〇年(一七九八)にかけて出版されています。京都の町人であった吉野家為八が企画し、俳諧師の秋里籬島が編集を担当、絵を竹原春朝斎が描いて発行したものです。通俗的な地誌ですが、当時の人々に広く受け入れられ、版を重ねただけでなく、今に至っ

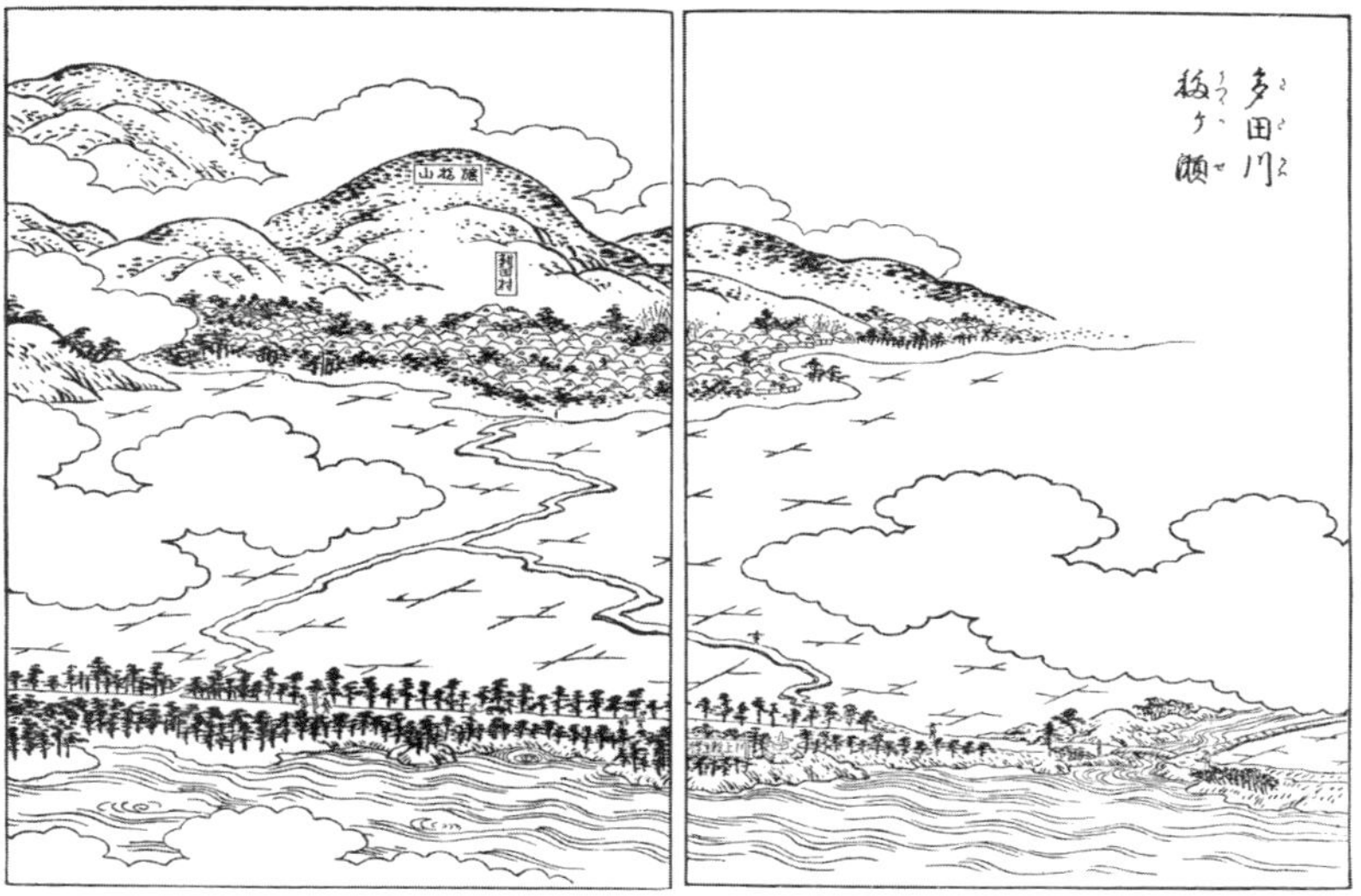

『摂津名所図会』の多田院と移ヶ瀬の絵

ては当時の風俗を知る大事な資料としてその価値はますます高まっていると言っていいでしょう。編集者らは同じようなものとして『河内名所図会』『和泉名所図会』『住吉名所図会』なども刊行しています。

『摂津名所図会』の中には、猪名川を描いた絵や解説もいくつかあります。絵の表題を挙げておきますと、「猪名川」「多田川・移ヶ瀬」「多田院・神廟」「多田院・釈迦堂・多田川」「多田・鼓ヶ滝」「多田荘・平野湯」「多田の湯・浴室」「一庫湯」「屏風岩」などです。現在の川西市・猪名川町などの名所を説明するのに、猪名川が欠かせなかったことを示しています。ここではそのうちの一つ「多田川・移ヶ瀬」「多田院・神廟」「多田院・釈迦堂・多田川」を紹介しておこうと思います。一つといいながら三枚も出てくるのはどうしてだ、という疑問があると思いますが、これは実に一続きの大パノラマになっているのです。

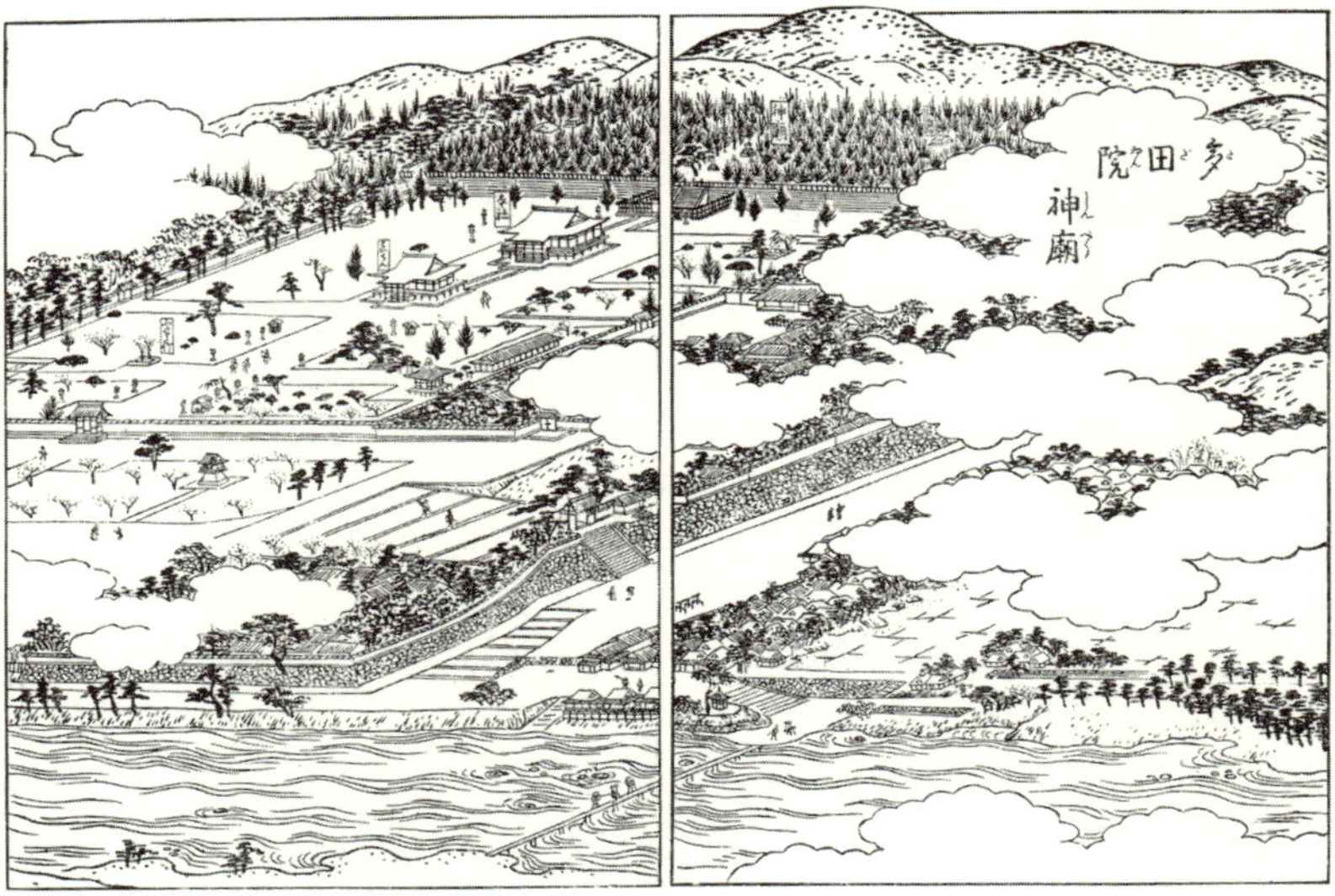

まず、前面に多田川（猪名川）が長く大きく描かれています。画面の左側半分には多田院。その右側には多田院への参詣道。これは能勢街道から分かれてくる参詣道なのですが、ここには松並木が続いていたことが描かれています。参詣人らしき武家とその従者あるいは町人といった人々も各所にいます。図の右手（東側）、松並木の参道の方には石碑が描かれ、それには「川上殺生禁断」の文字が大書されていたことも示されています。川での鮎捕りなどの禁止ですね。もちろん、多田院は鎌倉時代以降殺生禁断の地として通っており、多田院の尊厳さを示そうとしていることは明らかです。なお、参詣道はもう一つあって、多田院のすぐ東側、川を渡る細い板橋が描かれています。これは、南の山道を越えてきた多田街道だと思います。

　さて、この絵に描かれた多田川（猪名川）の護岸ですが、多田院の前面にきれいに切り込まれた斜面

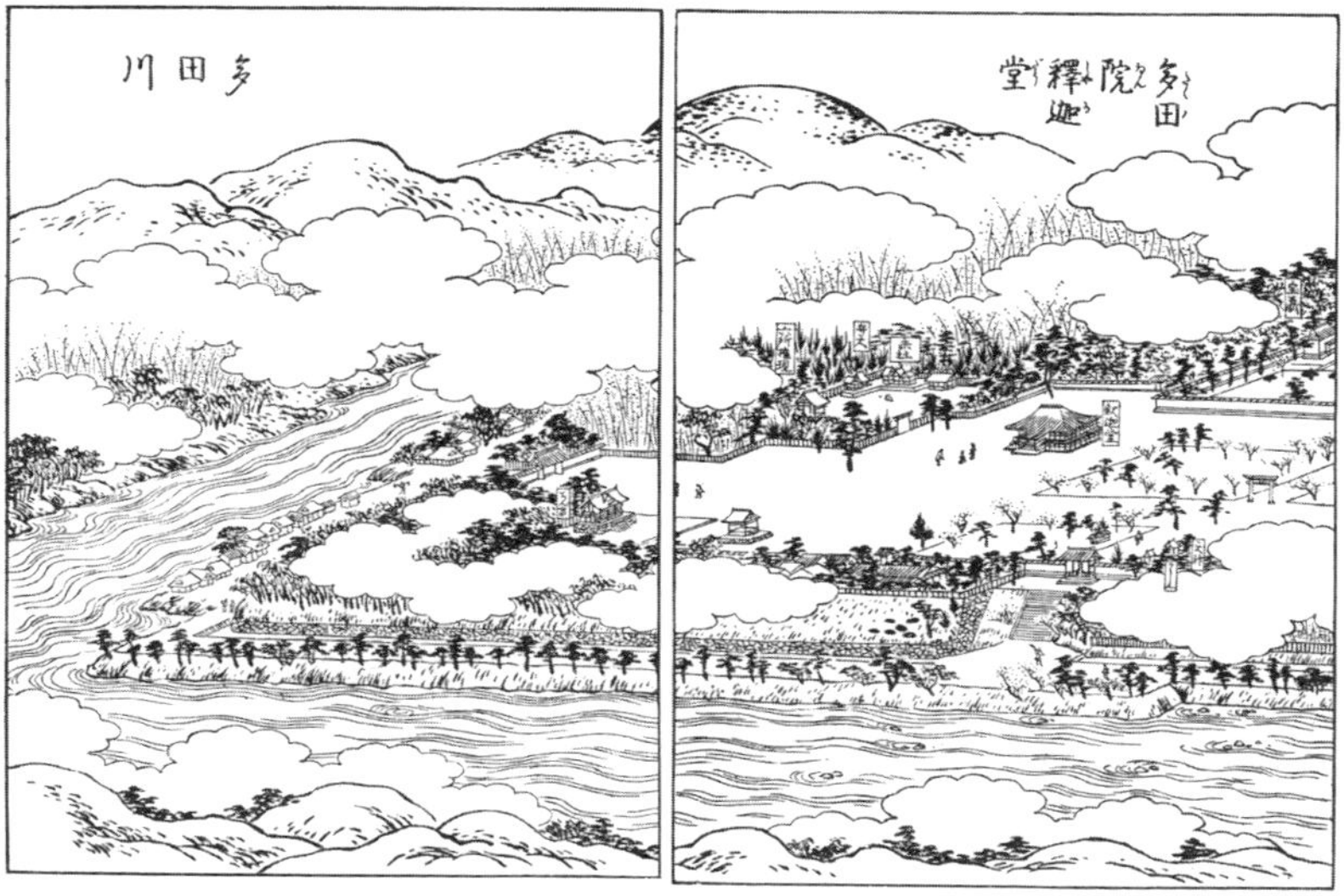

がありますが、これは人工的なものだったのでしょうか。地肌が見えていたようにも思われます。多田院の石垣を除けば、多田街道から板橋を渡った前面にある石垣が目につきますが、それ以外には、どうも見当たらないようです。村明細帳の記述を検討したところのものと符合しているようです。ただし、多田院は一段高くなっていますし、拝殿さらに神廟はそれよりもさらに高所にあることが分かります。また、松並木の参道のある新田地区は、川に近いところに集落はなかったことも描かれています。洪水の時にも集落は守られるという状況が読み取れるのではないでしょうか。また、多田院の東側少し行った所に水路らしいものが少しだけですが描かれています。絵は結構正確に俯瞰した状況を写しているようです。

このような絵を多くの人々は好んで読み解き、まだ見ぬ地域へのあこがれを抱いたのでしょう。その対象地域として、猪名川の流れがこのように広がっていたことは興味あることではないでしょうか。現在の川西市地域の名所が猪名川とともにあること、多田院参詣もまた猪名川とともにあるという意識が世に広がっていったものと思われます。

近世社会における猪名川をまとめてきて

以上、近世社会における猪名川について見てまいりました。中世までと違って、地元に残る文書や記録も豊富にあり、いろいろなことが地元に即し具体的にわかってきました。特に、農業開発に伴う水利施設の構築は、近世村の共同体的な力を強化するうえで大きな役割を果たしてきたことが改めて確認できたのではないかと考えます。村の共同体としての一体性とは、超歴史的にもって生まれたものというよりは、歴史的に形成され、強化されてきたのですね。

豊臣政権も徳川政権も、村々の共同体的な力の強化を認めていきます。そして、村々はその共同体的な力を重視するとともに、それを根拠として、たとえば通船事業者等に対して強い態度をとることも多かったのです。と同時に、その具体的な姿を見ると、そこには多分に自村の利害を中心とする排他的な性格も併せ持っていたことが気になってまいります。また、自然経済が共同体的な意識と組織を支えたというよりは、茶園や炭の生産など金銭経済の発達の中で、それとあまり矛盾せずに形成され、強化されてきたことにも興味が引かれます。

一方、近世統一政権の下で進められた猪名川本流の、特に平地部における水利施設としての井堰と洪水を防ぐための堤の工事展開が、一方では村の発展をもたらしたのと同時に、その反対に、耕地や集落を川の近くにまで広げることとなり、それがどうも猪名川の水害という問題を大きくしていったようにも思われるところにも興味をひかれます。発展が自然災害による苦しみをもたらしているのですね。また、本文では触れませんでしたが、農地が広がり、用水の需要が増えるに従って、川水の減少に伴う干害に苦しむ機会も増えてくることともなってきます。文明の発達が人間にしっぺ返しをするという構図の出現ですね。なお、この点について付け加えると、鉱毒に苦しむ村の形成もこれと同じ根を持っているようにも思われます。

近世社会は、農業生産のみならず、様々な産業を開発し、人々の交流を活発なものとしたことも、猪名川が持つ意味を変えていきました。しかし、川漁の問題、川船の問題等、いずれも、農業を根本とする村が、川の管理者として前面に出て取り仕切ろうとしています。幕府や諸大名もそれを認めます。つまり、まだ自由な個人やその集団が新しい可能性を求めてオープンに川に関与しようとするとき、それを阻む大きな力も存在していたということでしょう。ここに近世社会の基本的な特徴があったと思います。

では、これらの状況は、次に訪れる近代社会の展開する中でどう変わっていくのでしょうか。章を改めて検討していくことにしたいと思います。

4 近現代の変化と猪名川

一庫ダム

(1) 維新政府の出現と猪名川への新しいアプローチ

明治維新と社会的理念の転換

幕末から以後、日本では西欧列強の存在とそれへの対応が、あらゆるとき、あらゆるところで意識されるようになっていきます。それは、明治維新を経ても、というよりも明治維新自体がその結果であり、それを経て、ますます強く、日本社会の隅々にまで大きな理念転換を追っていきました。西欧の発展をもたらした力は近代的な文化と文明であるとし、その摂取に努力を傾けます。明治維新以後は、「富国強兵」が国家の目標として位置づけられ、工業化や近代的な科学・技術文明、自由な生産文化、そしてやがてはそれらが集積する都市化も求められていくのです。また、それらの担い手である「人材」の育成も強く求められることとなります。

もちろん、これらの理念については何度も揺り戻しがありました。また、具体的な場面ではそれをめぐってしばしば深刻な対立を生じさせています。しかし、基本的な流れは動かすことができませんでした。国民は、政府やそこに働く人々、あるいは社会的なリーダーたちの言動、また、明治以降の文明化を実際に見るにつけ、これらの理念を受け入れていくようになるのです。このような中、身近に流れる河川に対する考え方や取り組み方も、やはり大きく変わっていきました。本章では、その変化が猪名川の流域でどのように展開したかを追っていきたいと考えています。

ところで、ここで注目しておくべきなのが、近代になって国と、国によって創られていった様々なレベルでの地方組織です。明治以降、国もそうですが、地方制度もいろいろな変遷を重ねていきます。地方の組織は常に国家の強力な指導の下に置かれ、国家とともに、地域における「公益」ないしは「公共的立場」を代表するようになっていくのです。一方、旧来の村についていうと、それは、公的には水利権を除き、それがかつて持っていた地域に対する全般的で主導的な地位を失っていきます。つまり、近代になって地域を主導する主体が伝統的な村から、国家やそれに指導される行政的な町や村に交代していったことを見ておきたいのです。

行政村の確立と旧村

さて、明治四年（一八七一）の廃藩置県以後、地方行政組織の形をみると、実に目まぐるしく変遷していることがわかります。すなわち、最初は大区小区制の時代、つづいて明治一一年（一八七九）からは地方三新法に基づく郡区町村編制法の時代、そして明治二二年（一八八九）以後は町村制実施へと続きます。この町村制施行をもって、ようやく地方組織の形は確定されたとされます。そして、その後多少の修正を重ねながらも、基本的には維持されていくことになるのです。

この間、明治政府は、旧来の町村を何度も改編しながら、旧時代から続く町村に指示して、統一的な戸籍の編製、徴兵制実施に向けての実務、地租改正のための諸事業、そして小学校の開設など、新国家のめざす重要業務を代行させていきました。また、古い時代から存続する町村の財政や運営に介入し、指導・統制も強めています。こうした過程を通して、明治政府は、やがてそれまで存在もしなかった中央集権的な新しい地方行政機構を創り出していったのです。川西市域について詳しいことは、たとえば、『市史』第三巻第一章、第二章の該当ページにいろいろな説明がされております。

ところで、明治政府は、旧来の村をどうするか、実は、試行錯誤を重ねていたようなのです。初めのうちは、旧来の村を自らの統治の末端を担う地方組織の一部に切り替えていこうともしたようですが、やがて、創り上げていった地方行政組織の根幹部分からはその存在を切り離しました。とくに明治二二年の町村制施行においては、旧来の村は新しく創設した村の大字とか区とか、部落などと位置付け、公的な地方行政上の権限を持たない補助機関としたのです。

一方、旧来の村は、地域においては、というか地域に対しては、もとから有していた権威を相変わらず維持していこうとしています。とくに水利と治水を中心とした、川や池に関する取り組みにおいては一貫してこれを取り仕切ろうとしています。実際、維新とはいえ、すぐに農業中心の産業構造が変わったわけではありませんでしたので、旧村は相変わらず、しかも長い間大きな力を持つ存在として続いたことも事実でした。

ただし、川に対する人々の取り組みについては、政府は、もし、それが国益にかなうものであれば、農業以外の取り組みであろうとも、積極的に認めていこうとしたことも間違いありませんでした。むしろ、近代国家としてそれは当然と考えていたようです。その結果、河川に対する古くからの村の諸規制はいろいろなところで国家によって相対化され、あるいは否定されていくこととともなりました。近代では、この変化をきちんと見ておかなければならないと考えています。本章では、明治政府成立以降の猪名川をめぐる動きを具体的にみていきます。ここまでちょっと抽象的でむつかしい話がつづきましたが、まずは、水利や治水をめぐる基礎的な史実を具体的に確認することから始めようと思います。

旧村と農業水利および治水対策

まず、水利と治水費が明治初年頃の村の中で極めて大きな比重を占めていたことを確認しておきましょう。

明治六年（一八七三）二月、寺畑《てらはた》村での一ヶ年の諸入費についての書上げが残されています（『市史』第六巻二二〇～二二一ページ）。まだ地租改正実施前ですから、諸入費の負担を計算する基礎として最初に旧来からの村高が「一一二石八斗六升二合」と書き上げられています。そして、このうち「六石五斗九升四合」が諸引き、その残高「一〇六石二斗六升六合」、これが村びとの負担する費用計算の基礎とされています。なんと言うか、江戸時代のやり方がまだ生きているのですね。そして、この村ではこの年、九四円五三銭一厘が必要だとして、その内訳が次の通り報告されました。ちょっと書き上げてみます。

国役金	一円六九銭三厘
学校費	なし
戸長給料	三円六八銭二厘
御布告上木料幷飛脚賃	三円四八銭三厘

紙墨筆料	五円九八銭二厘
川池堤防費	四七円三三銭二厘
県庁其外営繕費	五円七六銭八厘
戸長以下御用出庁旅費	八円五二銭
道路入用費	八円
社寺入用費	一円
戸数割取立	一円五六銭五厘
諸参会入用	五円三二銭
合計	九四円五三銭一厘

いかがでしょうか。ちょっと計算が合わないようですが、総額九四円余りと計上された費用の中で、川池堤防費が四七円余り。ちょうど半分ほどになっていますね。村の業務の中に本当ならば出てくるはずのない県庁営繕費などが含まれているのも驚きですが、川池堤防費の多額な事にもびっくりします。それだけ、水利と洪水防御は村にとって大きく、死活の課題であったということでしょう。なお、寺畑村ではまだ小学校費用は計上されていませんが、これを抱えるようになると、学校費は一躍水利・洪水対策費と並ぶ大きな存在となっていきます。

つぎに、明治一九年（一八八六）五月に提出された萩原《はぎわら》村の村費予算議案も、『市史』に掲載されています（『市史』第六巻一四三〜一四五ページ）。そこで、これも見てみましょう。明治一九年ですから郡区町村編制法時代の萩原村です。

さて、萩原村では村の費用は現金と人足すなわち労働奉仕の二本立てで賄うことになっていたようです。

土木費	三円三〇銭と人足二〇〇人
治水予防費	四〇銭と人足三〇人
小戸井堰費及び溜池修繕費	五円二〇銭と人足二八〇人
総代諸費	一円六〇銭
合計	一〇円五〇銭と人足五三〇人

萩原村については、ここまで何度も指摘しておりますように、共同体としては小戸庄《おおべのしょう》の一部でした。江戸時代の初め幕府によって村切《むらぎ》りを受け、一つの村として年貢負担が義務付けられて、そのまま明治を迎えています。そして、明治一九年、この村はまだ公的に存続し、しかも、独特の村費計算法を立てていたのです。

萩原村では、一等戸から五等戸まで全部で二九戸、この戸数で村の費用を分担することとしていたようです。ちなみに、右の費目名だけではその中身が分かりませんので、内容について記載されている補足的な文を読んで紹介しておきましょう。そうすると、たとえば、「土木費三円三〇銭」の内訳は、川溝道路橋梁修繕諸費、その「人足二〇〇人」は田畑用水溝浚および道路橋梁修繕用で、一人につき日当金一〇銭の積算なりとされています。つぎに、「治水予防費四〇銭」とは、予防消耗費、これは治水の節杭二十本、俵十枚、縄二把《わ》、竹一束代。その「人足三〇人」とは治水人足で、出水の節予防人足一人につき一日の日当金一〇銭の積算なりとされています。

ということで、その他も同じように見ていくと、ここでも、やはり水利と治水費が村費のほとんどを占めていることが示されています。

要するに、治水と利水。これは、明治政府になったからといって、その重要性が否定されるようなものではなかったわけです。そして、それを管理していたのが旧来からの村にほかなりませんでした。

ところで、治水については別として、「猪名川の農業用水管理は旧村で」という状況は、明治二二年（一八八九）町村制にもとづいて、現在の川西市地域に川西村・多田村そして東谷《ひがしたに》村の三村ができ、それまで公的に存続していた旧村が「区」とか「大字《おおあざ》」あるいは「部落」とかに位置付けられたときにも変わりませんでした。

たとえば、このとき東谷村に属することになった一庫《ひとくら》村では、溜池五ヶ所と井堰三ヶ所（注）について、本来ならば新村の東谷村の共有に属すべきであるがとしつつも、「その議論が行き届かないので」という理由をあげて、将来も当一庫部落でこれらを所有し、部落に関わる耕地の養水に供用したいと県知事に申し出て、認可を得ています。つまり、町村制のもと、旧村は法的には存在しなくなったのですが、区とか部落あるいは大字などという名称で実質的に存続し、利水の権利を維持するようになったところが多かったのです。

（注）寛保三年（一七四三）の村明細帳ではそれぞれ四ヶ所ずつとなっていました。江戸時代後半期にすこしだけ

変動があったようです（八〇～八一ページ）。

また、小戸井《おおべい》や加茂井のような旧村の範囲をはるかに超える大きな井組《いぐみ》の場合には、旧村の人民総代の連名で権利を主張することとなっていきます。明治二四年（一八九一）には、六月に関係の旧村各人民総代の名で「小戸井水ニ係ル規約書」を結んでいます（『市史』第六巻二七六～二七八ページ）。これは、「従来ヨリ字小戸井ト相唱ヘ、田畑ヘ灌漑スル用水路ニ対シ、是迄往々水路ニ碍害（障碍）ヲ醸ス者有之故ニ、関係村協議之上、左ノ条々ヲ規約ス」というもので、全一二条からなっています。また八月には旱魃時の番水および各村への水配分比率のこと等を中心とした規約書（『市史』第六巻二七八～二八一ページ）をそれぞれ結んでいます。後者の場合、旱魃時の水汲み作業への動員の義務化も明治二六年（一八九三）、別に規定されました（『市史』第六巻二八二ページ）。このように農業用水の管理は、行政村から切り離された旧村の権利として、新しい時代に引き継がれていくのです。

明治二三年（一八九〇）以降は水利組合条例、明治四一年（一九〇八）からは水利組合法に基づき、水利組合が組織されます。こうして農業の用排水は法的にも区費負担が原則とされました。このころ以降、大きな管理権は府県知事や郡長に移されますが、旧村管理という実質は変わらなかったと考えるべきでしょう。

明治政府は、行政機構としては旧村を切り捨てました。しかし、最後の所で旧村の実質的存続を非公式ながら認め、その権能を定め、それを管理する体系を作り上げていったのです。旧村は、こういった水利権のほか、多くの場合、かつての共有山林なども保有しました。こうして旧村はいろいろな場面で、それらから上がってくる財産的な力と、社会が農業振興を求める限り保持しえた旧来からの農業共同体的な慣習の力を背景に、戦前期、さらには戦後も長くその権利を主張していくこととなるのです。

猪名川通船事業の新展開

では、ここで、猪名川に新しい状況を生み出した通船事業の活発化について見ておきたいと思います。その願いは、行政からどう取り扱われたのでしょうか。

江戸時代、猪名川に高瀬舟を通行させたいという申請は、すでに明らかにしてきたように何度もありました。しかし、それが許可されたのはやっと天明四年（一七八四）のことで、神崎川との合流点である戸《と》ノ内から下河原《しもがわら》村までの通行に止まるものでした。業者としては、十分な運賃収入を得るためにはもう一つ上流の池田村まで通したかったのですが、これは、荷物を奪われることを恐れた池田村の馬借《ばしゃく》の反対で実現できなかったといわれています。

ところが、明治五年（一八七二）になると、これを池田まで延長させることの願いが大阪府の池田村と兵庫県側の双方から提出され、同年中に両者ともに認可されます。池田村からの願書が先で、兵庫県側のがそれを見てからの願い出でした。池田村の出願者は中西せいという女性（『大阪府歴史料』、『新修池田市史』第三巻一〇八ページ）、兵庫県側は兵庫県貫属士族笠井清作でした（『市史』第六巻三九三ページ）。

中西せいは、池田村南新町に住んでいた人物という以上には何もわかっていません。また、笠井清作についても兵庫県貫属士族というだけで、詳しいことは判明いたしません。また、この後の動静についても、両者ともに記録が失われているようです。

ただ、笠井の願書には次のような趣旨の文が書かれていました、すなわち、猪名川養水井堰は夏至七、八日以前から秋の土用まで使用するが、それ以外は堰を切り通して水行している場所であり、また、上流からは竹・木・筏なども流しているが、何ら差支えがあったという話はない、しかもこの三月には対岸の池田までの荷船を許可しておられるのだから、当方の願いも聞き届けてほしいというのです。また、荷物は、山方の租税米・炭・薪等。これを二艘の艜船（注）を使って尼崎まで積み下げたいとも書かれていました。

（注）「艜」の文字をどう読むか。漢和辞典では、いずれも「たい」という読みがあてられています。だから、たぶん学術的にはこれでいいのだと思います。しかし、近代に入った福岡県では筑豊の石炭地帯から、遠賀川の流れを使い「川艜」という船にその石炭を積んで若松まで運んだことがしばしば紹介され、この船のことを「かわひらた」とか「ひらたぶね」とか呼んでいます。猪名川にこの船を入れようとしたとき、業者はこの船のことをどう呼んだのでしょうか。「たいせん」と呼んだのか、「ひらたぶね」と呼んだのか、今はもうわからないと言わざるを得ません。

さて、この願書で明らかにされていることは、ひとつ。それは、どうやら小戸井堰とは異なり、それより下流に設置された猪名川の各井堰は、江戸時代を通して定堰ではなく、養水のための堰止めは季節的なものであったということです。笠井清作はここのところを指摘し、自己の事業は何ら既存の事業等に害を及ぼすものでないことを主張して、猪名川通船の小花《おばな》までの延長を願い出ていたのです。

明治五年の通船願書は、この笠井のも、また中西のも、いずれもその年のうちに行政当局からきちんと認められました。江戸時代、あれほど何度も申請が出され、様々な活動が行われながら、なかなか認められなかった通船事業が、明治以降は実に簡単に認められているのです。いったい、ここのところの違いはどうして生じたのでしょうか。

残念ながら、この間の事情を明らかにする記録や文書は残されていません。しかし、推測することはできるのではないでしょうか。カギは、通行に関する特定団体（例えば村あるいは馬借）の特権を廃止し、通行の自由を実現することは国益であると考えるようになった行政当局の思想の変化にあったと考えるべきでしょう。中西せいも、笠井清作もそうした新しい国の動向をいち早く察知し、おそらくは小さい規模だったと思います。そうは思いますが、そのような中でも、事業化の可能性を信じ、果敢に乗り出した人物だったと言っていいのでしょう。

このような動きは、実はこの両名にとどまってはいませんでした。木部村《きべ》（池田市）の繕田太兵衛と荒木五兵衛も「同年八月から自分たちの通船が認可されている」との書出しを豊島《てしま》郡第一区区長に提出しています。明治七年（一八七四）三月には大阪府からの通達が、すなわち、猪名川に船職業の者がみだりに船繋ぎ場所をこしらえることとの問題を指摘し、それを禁止し、池田村・木部村・古江村でその場所を定めるようとの指示が出されています。そして、明治一二年（一八七九）には、戎浜の印藤豊次郎という人物が、住吉丸ほか二艘で、毎朝大阪まで直通で荷物を送るとの案内広告を池田の酒造家に送っています（以上、『新修池田市史』第三巻一〇八～一〇九ページ）。猪名川通船は、池田～戸ノ内間については、明治五年以降、なかなか活発に事業を展開していたと言っていいでしょう。

厳しい環境の猪名川通船事業

一方、明治五年（一八七二）には、池田から猪名川の上流をさかのぼり、東畦野《うねの》村まで船を通わせ、奥川辺《かわべ》の荷物輸送にあたろうとする出願もでてきます。多田御家人の三矢《みつや》籏兵衛・仁部《にんべ》輝三が兵庫県庁に宛てて提出したものです。これは、翌年に認可されましたが、必要な浚渫工事が費用の不足で予定通り実施できませんでした。しかし、明治七年（一八七四）十二月にはどうにか通船が実施できるようになったという報告が出されています（『市史』第六巻三九一～四〇四ページ）。

三矢らの願書と県の認可書によれば、最終的に通船に従事するのは先の二名の外、多田院村で身元の確かな者一五人を結社に加えています。計画では、九月から翌年の五月まで、すなわち農業用水の使用期間を除く時期において、合計三〇艘の船、これに登りは二駄まで、下りは一〇駄までの荷物を積み、上は東畦野と上野（猪名川町）から、下は池田を経て戸ノ内まで、奥川辺の荷物年々七万五千駄あるうちの半数を受け持とうというものでした。

この間の河川の流れは急流が続きますから、おそらく船下りは激しいものがあったと思います。また、登りは川沿いの道を作ってそこを綱で引いて行く、これまた厳しい労働を伴うものでありました。県との交渉の結果、この事業には三年間の免税期間を特に認められています。

しかし、この山間部航路の開通には、各所で必要な川底開削、とりわけ鼓滝の所の開削工事が必要で

鼓滝の狭隘部
両岸に迫るごつごつした岩。狭く、段差を伴った流れ。交通の難所であったことがうかがえる。

した。つまり、鼓滝の所は、幅二間ですが船が通れるように開削したということです。当然、鼓滝の景観は相当変えられたことがうかがわれます（注）。

（注）実際に川沿いを歩いてみればわかることですが、特に山間部では至る所で急流となっており、また川底や川岸には岩があり、そこでは流れる水を食んで白い波をたてている様子がうかがわれます。増水時の操船は相当の困難が想像できるし、渇水になればなったで、これまた船が川底につかえ、操船はむつかしかったのではなかろうかと思います。また、岸辺までごつごつした岩石が迫り、歩いて船を曳き上げる道をどのように確保したのか、なかなか想像できません。本当に川底を開削したのか、疑問も湧き上がってきます。

また、開通にあたっては、小戸井井堰に対する特別な工事の実施も関係する村々との了解事項でした。それは明治六年（一八七三）のことでしたが、定堰の姿はそのままに、横幅二間、流れ一〇間の間に木の板敷を設置し、その両側に厚板を以て挟み、樋に仕立て、その中に水が流れるようにしてそこを船が通行するといった仕様でした（『市史』第六巻四〇一～四〇二ページ）。実際にそれがうまくいったのかどうかよくはわかりませんが、いずれにしても、実に、大変な思いを込めた企画だったと感じます。

ただ、このようにして仁部や三矢などが企画した通船事業でしたが、残念なことに、その実際の運航状況を明らかにする記録等はまだ見つかっていないということです（『市史』第三巻一三四ページ）。ぜひとも、見てみたいというのは、私一人ではないでしょう。

以上、明治になってからの猪名川通船の盛行についてまとめてみました。史料を見ていて気が付くことは、通船事業の開始にあたって、いろいろな交渉相手の存在が明らかになったことです。業者は、ひとつひとつていねいに対応していっています。井堰を利用する関係の村々、水流を利用していた木材切出し業者、そして、おそらく荷物についてはそれを馬や牛などを使って輸送していた村々の関係者というように、実に多様に存在していたことがうかがわれます。一方、国もまた、それらの利害調整者として、また全体的な安全管理者として行動していることが見えています。

しかし、猪名川通船事業は、特に平地部のそれは、やがて通行が始まる鉄道事業との厳しい経済的競争のうちにおかれます。文明の競争というものですね。すなわち、明治二〇年（一八八七）には伊丹町の小西新右衛門などが発起人となった川辺馬車鉄道が申請され、これは二四年（一八九一）には尼崎〜伊丹間、そして、やがて軽便蒸気鉄道として名称も摂津鉄道会社と改めながら明治二六年（一八九三）「池田駅」として小戸まで開通しました。のちに阪鶴鉄道となり、現在のＪＲ福知山線につながっていく鉄道です。ちなみに、明治二七年（一八九四）、この鉄道の乗車人員は池田駅（呉服橋西詰）で一ヶ月平均六四六四人、貨物が八三万個といった数字が示されています（『市史』第三巻一九八ページ）。だから、川船にとってこれに勝ち抜くというのはたいへん厳しかったと思われます。

山間部の猪名川通船も運航の実態がはっきりせず、平地部もこのような状況が出現する中、猪名川通船は、やがて、そんなものの存在があったことさえ忘れられていったのではないでしょうか。

材木の川下しと筏乗り

明治一〇年（一八七七）もしくは一一年（一八七八）、兵庫県に対し、各村から「物産取調書」が提出されています。『市史』第六巻に掲載されているのは、栄根《さかね》村（類似の報告を加えて二件）・東多田村・東畦野《うねの》村・石道《いしみち》村・一庫《ひとくら》村・火打《ひうち》村・見野《みの》村・芋生《いもお》村の八ヶ村分です。これらの村々（このときはまだ江戸時代以来の伝統的な村の息は法的にも止まっていません。）の報告書によれば、山林から得られる材木とその販売状況は次のようでした。

まず、栄根《さかね》村と火打《ひうち》村の両村は、林産業に関する記述がありませんので、ここでは考察を省略します。で、まず東多田村はどうかと言いますと、つぎのようになっています。

松丸太　二七四〇本、すべて戸ノ内村へ輸出、一本平均五銭（合計一三七円）
　従事戸数二戸　補助業（＝副業という意味）
竹　二二〇束、すべて森本村へ輸出、一束一三銭（合計二八円六〇銭）
　従事戸数三〇戸　同上
薪　三万千貫目、うち輸出一万五千貫（伊丹町）、一貫目八厘（合計一二〇円）
　従事戸数五〇戸　同上

柴　　四万九五〇〇貫、うち輸出一五〇〇貫、一貫目六厘（合計九円）
　　　従事戸数は五〇戸
合計　林産物の輸出高　二九四円六〇銭
これは、この年の東多田村の米生産（七一戸＝本業）七四四石余、うち輸出三六六石余と比べると、金額的には全体の数パーセントから一〇パーセント前後にとどまるもので、大きくはないかもしれませんが、大事な副業であったことは間違いありません。なお、松丸太の従事戸数二戸は副業扱いにされていますが、一戸当たりのその金額を見れば、とても副業という存在ではなく、事実上は本業と見てもいいものであったようです。

次に東畦野村について見てみます。次のようになっています。

檜　　　　二〇本
杉丸太　　三〇本
松丸太　　二〇本
　いずれも池田に輸出、従事戸数は七戸（いずれも補助業）
松角物　　一〇〇〇本
松六分板　三〇間
杉六分板　三〇間
その他　竹・薪・柴の生産あり。販売金高は不詳東畦野村では原木のまま川流しするというよりも、製材をしてそれを販売していたようです。ここに見られる「松角物」とか「松・杉の板」などがそれです。当然、杣工《そま》も暮らしていたのでしょう。では、石道村ではどうでしょうか。

松丸太　　五五〇本　　この金額　二二円
薪　　　　三五〇〇貫　この金額　二六円
柴　　　　四〇五貫目　この金額　四円
竹　　　　五〇〇本　　この金額　六円

ここも、木材の切り出しその他林産業が行われていたことが分かる数字が示されています。ただし、規模は他に比べて少し小さいようです。

つぎに、一庫村です。ここも、木材の加工が行われていたことが示されています。

松角物　　二〇〇〇本　うち他へ輸出が一九四〇本、この金高四八円五〇銭
　　　　　従事戸数五戸（補助業）
松六分板　二〇坪　すべて近村に輸出、合計四円
竹（中・小）　いずれも池田村へ輸出

このほか、炭・薪・柴も産出（他村に送らず）

このほか、見野村と芋生《いもお》村も、詳しく紹介するのは略しますが、いずれも竹・薪・柴、松丸太等の産出が記されています。

これらのうち、松・檜・杉の丸太そして竹材については、猪名川通船の来ない上流では菅流し（一本一本のバラ流し）、中流以下では結束してその上に船頭が乗って舵をとる筏とされて猪名川をそのまま下ったと思われます。もっとも、筏乗りを職とする人が物産取調書に記載されているのは、東多田村の三戸（補助業）、一庫村の二戸（補助業）だけです。いずれも補助業とされています。しかし、このような仕事は、技術的になかなかむつかしいものかと思います。つまり、だれでもがすぐできる職業ではなかったことを考えておかねばならないでしょう。なお、物産取調書を残していない村々にも筏乗りはいたのかもしれません。

『摂津名所図会』に描かれた木材流し

ちなみに、明治一〇年（一八七七）一月には国崎村で「杣木挽炭焼職材木商定則」が作成されています（『市史』第六巻二八四～二八八ページ）。そこでは、社則第六条および第十条～第十六条で細かく木材流し業について規定されています。

それによれば、菅流しは西猪名川筋（現在の猪名川）では紫合《ゆうだ》村字量リ岩まで、東猪名川筋（一庫大路次川）では一庫村大字前川までとされ、それより下流では通船事業への妨害を防ぐため組流しとすべきこと、ただし、現今は猪名川通船が休業しているので、当分は、西猪名川筋は石道村字和田まで、東猪名川筋は東畦野村字トロまで管流しを認めること、田方が養水中は、農家の妨害になることを恐れていままで通行を差し止めてきたが、今後は常水より一尺五寸（約四五センチ）以上ならば流木を認めること、そのとき流木で井堰や橋等を傷めた場合にはすぐに関係する村に連絡し、修復は自費で行うこと、その他が記載されています。猪名川通船や下流の井堰あるいは橋に対する気遣いは並々ならぬものであったことが分かります。

なお、この規定の中で猪名川通船の事業の様子がわかる記述がでてきます。すなわち、明治一〇年一月時点では山間部の猪名川通船は休業中という記述です。なぜこの時点で休業していたのでしょうか。その理由等、分かりませんが、事業の先行きが暗かったことを暗示しているのではないでしょうか。

一方、角材や板材にするのは加工業ですが、東多田村に「杣《そま》職」が九戸（補助業）、東畦野村に「杣木挽《そまこびき》職」が六戸（補助業）、一庫村に「木挽職」が二戸（補助業）、見野村に「木挽職」が一戸（補助業）、この賃銭一人一日一五銭といった記述があります。木材加工業も猪名川上流地域で一つの産業になっていたことは明らかです。

製材加工した木材については、いま紹介した国崎村の「杣木挽炭焼職材木商定則」のなかの社則第六条に「筏乗及牛方等ヲ以材木挽物等ヲ運搬致候ハ、」との記述があります。すなわち、運搬手段としては、筏もしくは牛を使って消費地へ運ぶことが考えられていました。ただし、加工された木材のことですから、その傷みの防止が大事となってきますから、おそらく陸上を通る牛の使用が多かったのではないかとは思います。

いずれにしても、古代以来、山間の木材は、多くは猪名川の流れを使って下流に送られていたのですが、明治には、それに関わるいくつかの職業も成立し、同時に、川を使う運搬については、他の関係者との様々な調整が以前よりもはるかに大事になってきていたと言えるのではないでしょうか。

川漁の展開

猪名川の川漁は鮎を中心に、明治になりいっそう活発になった感があります。まず明治一〇年（一八七七）、一一年（一八七八）の各村の「物産取調書」に記されている状況を確認しておきましょう。東多田村では、漁獲量の記載はありませんが、「川魚漁三戸（補助業）」となっています。

東畦野村では「生鮎一六〇尾、干鮎一七〇尾、池田売り、四戸（補助業）」との記述があります。石道村では「生鮎五十セロ、五円。干鮎三〇連、金三円」。セロとか連というのがどのような単位か、ちょっとわかりません。「セロ」は「蒸篭《せいろ》」でしょうか。

一庫村では「鮎二二〇〇尾、うち他へ輸出八〇〇尾」、これは近村へ売り出しているということです。また、「鰻五貫目」があり、うち近村への輸出が三貫目とされています。

最後に、国崎村（これは明治一六年）では、「鮎一ヶ年捕魚漁高一五〇〇尾」となっています。

以上を眺めてみると、一庫・国崎といった地域がとくに盛んであったように見受けられます。漁業を職業とする戸数は不明ですが、かなり存在していたとみていいでしょう。

ところで、ここに出てきた東多田村以下の村名は、川漁に関して江戸時代の記述においても出てきたところの村々です。そうすると、「物産取調書」が残されていない虫生村・平野村・西畦野村・山原村・民田村（これは猪名川町）・矢問村などでは、この時期どうなっていたのでしょうか。おそらくは、引き続き川漁が行われていたとみておくべきでしょう。また、江戸時代には殺生禁断の地として川漁が禁止されていた多田院村が明治になって鮎漁を解禁しています。これも、猪名川における川漁の広がりという点で注目される出来事ではないでしょうか。

このようななか、明治以降は川漁の規制方法が変わったことも見ておかなければなりません。村の人々は県に鮎税などを支払って、漁業権を確認される形で漁を続けていくこととなったのです。税を支払うのは、村ではなく、漁業者個人です。ところが、明治八年（一八七五）県はそれを無税にするとします。そのとき、村側では、村の区会を開いて賦金鑑札の制度などを策定し、村が漁業権を確認しようとしています。具体的には、明治八年（一八七五）八月に多田院村が西宮支庁に差出した届出書（『市史』第六巻三一〇～三一一ページ）がそれですし、また、明治一六年（一八八三）には国崎村が国崎村領内の漁業定書（同上三一一～三一二ページ）を定めています。

明治以降、川漁の権利を維持するため、関係者は相互に条目を確認し、まだ公的な存在であった江戸時代以来の村にそれを保証させ、また他村の者の入漁を規制しようとするものでした。このような規制は、これ以降も形を変えて国崎部落・東畦野部落でも作られていることが分かっています。

府県境としての猪名川―新しい公共性の視点から

以上みてきたように、近代に入ってからの猪名川は、多様な人々の暮らしや産業あるいは交通の手段としてオープンに利用されるべきことが国家的観点から公的にも確認されてきました。関係する人々は、伝統的な旧村によって支えられる農業的な用途だけでなく、猪名川の与えてくれる幸、そしてその可能性を求めて新たな組織をつくり、自らの権利を確認するとともに、他との調整にも努力を重ねるようになっていきました。

猪名川は、もはや同質的な村共同体、すなわち近世村の独占的・排他的な利用対象物ではなくなってきたのです。その利用者は、時代がもっと下れば、電気事業者・友禅流し業者などの工業経営者、また、川が与える優れた景観を売り物にした住宅経営者、そして何よりも都市化とともに、その流域に居を構え住み始めた多くの住民など、実に多様な人々、あるいは組織体にまで広がっていくことが明瞭になってきます。このような中、伝統的な村も、そうした多様性を構成する一つの存在として改めて位置づけなおされていくのです。そこでは、新しく設立されていった府県あるいはその下で組織されていった町や村が、その調整役あるいは指導性を発揮する機構として位置づけられ、整備されていくのだろうと思います。

ところで、一つぜひとも押さえておきたい事実が近代に入って生じました。それは、近代的な地方組織が編成される過程の中で、比較的早くに猪名川が大阪府と兵庫県の境界とされてきたことです。すなわち右岸の川辺郡は兵庫県に、左岸の豊島郡は大阪府にそれぞれ編入とされます。この間の沿革はなかなか複雑で簡単ではありません。詳しいことは、『川西市史』第三巻（一三〜一六ページ）や『新修池田市史』第三巻（二八〜三六ページ）などで確認していただければいいのですが、ただ、ここでは、この結果、基本的に猪名川を挟んで管轄する府県が異なることとなったという事実の持つ意味をよく考えていきたいということです。

実際、平野部では左岸にある下河原・中村・小坂田・岩屋・口酒井《くちさかい》・森本・東桑津・西桑津の各村を除き東側が大阪府、西側が兵庫県の管轄とされたことは、その後の流域の歴史に大きな影響を与えていったと思います。相互に違う管轄下に住む人の意識も、互いに変わっていったのではないでしょうか。また、長い歴史の中で培ってきた流域内諸地域あるいは諸団体の相互の関連性にも変化が生じてきたのではないでしょうか。もちろん、簡単に答えが出てくるものではないのですが、すくなくとも、こうした視点をもってこの後の歴史を見ていかなければならないと考えています。

以下、節を改めて、二〇世紀に入るころからの猪名川とその流域のありようの変化する様を見ていくことにします。

（2）村から町へ―川西村の変貌

鉄道交通の要衝へ

明治三〇年（一八九七）代から大正初年（元年＝一九一二）にかけて、現在の阪急川西能勢口駅周辺地域は鉄道交通の要衝へと急変貌を遂げていきます。交通手段としての猪名川のありようも、これとともに大きな曲がり角を迎えます。すでに述べたところの明治二六年（一八九三）池田駅（小戸《おおべ》）までの摂津鉄道開通は、その予告となるものでもあったわけです。以下、少し煩雑ですが、その過程をまとめておきましょう。

まず、阪鶴《はんかく》鉄道です。阪鶴鉄道は、大阪から福知山、さらにはそこから軍港に指定された舞鶴への鉄道直結を狙った私設鉄道として開通したものです。すなわち、明治三〇年（一八九七）一二月、買収済みの摂津鉄道の長洲《ながす》（現在のＪＲ尼崎駅）・池田仮停車場（栄根《さかね》付近）間の線路拡幅を完成させます。さらには池田仮停車場から宝塚へ、そして三一年（一八九八）九月には有馬口へと延伸、ついに、三二年（一八九九）七月には大阪・長洲間を官線に依存する形ではあれ、大阪から福知山まで列車を走らせることに成功します。この阪鶴鉄道は、明治三四年（一九〇一）四月には川西村寺畑に池田本停車場を完成させ、さらに同地に機関車修理工場と本社建物を新築します。駅名は猪名川の対岸だったのですが、広く地名を知られた「池田駅」としました。

明治四〇年（一九〇七）八月、阪鶴鉄道は、政府の全国的な鉄道国有化政策が展開する中で国有化されます。しかしそれを見越す形で、明治三九年一二月には箕面有馬電気鉄道株式会社がその路線に併行するように線路敷設を計画、国から認可されています（創立委員長田艇吉、役員には阪鶴鉄道の主要役員）。この本線は大阪・池田町・川西村と線路をつなぎ、川西村からは小浜村・甲東村・西宮とつないでいくこととしていました。また、支線は北豊島村から箕面村へ、および良元《りょうげん》村から塩瀬村・山口村・有馬町をつなぐ二線の計画でした。本社建物としては、国有化されて存在しなくなった旧阪鶴鉄道の本社建物（寺畑）をそのまま使うこととしていました。

明治四〇年（一九〇七）六月、箕面有馬電気鉄道株式会社は、社名を箕面有馬電気軌道株式会社と改称し（資本金は五五〇万円）、一〇月には創立総会で小林一三が専務取締役に就任、四一年一〇月には第一期工事に着手します。そして明治四三年（一九一〇）三月一〇日、梅田・宝塚間、および箕面支線を開通させました。川西村には官線の駅となっていた池田駅に向きあうように花屋敷停留場を置きます。ただし、明治四二年四月には本社を池田本町に移転し、やがて阪鶴線の乗客を奪っていくこととなっていきます。

一方、同じころに能勢電鉄の企画と開業も続きました。すなわち、日露戦争が二年目を迎えた明治三八年（一九〇五）三月、能勢電気鉄道株式会社が設立を申請します（発起人代表中里喜代吉）。線路は、阪鶴鉄道池田停車場構内から巡礼道を通って旧摂津鉄道池田停車場附近へ、さらにそこから一の鳥居前まで、全部で四マイル三二チェーンの路線。資本金は二五万円で、本社は小花村字大畑、一ヶ年平均四〇万人の利用を見込んでいました。

能勢電気鉄道株式会社は明治四〇年（一九〇七）三月認可を受けますが、基点は阪鶴鉄道池田駅構内が認められませんでした（箕有電気との競合、池田町北の口の商人らの反対もあったとか）。そこで、起点は小花村大畑三〇番地地先に定めなおしました。四一年五月には創立総会を開き、軌間三フィート六インチを四フィート八インチ半へと変更申請しています。これは箕有電鉄との接続を考慮したものでした。

明治四三年（一九一〇）一〇月には工事施工認可があり、一二月着工届を出します。しかし、このころ経理が混乱し、役員の交代が続き、前途が危ぶまれたのですが、四五年（一九一二）一月には太田雪松が専務取締となり、鼓滝の工事にも着手します。また、この時まで存在していた自前の発電所計画を廃棄して、この後述べる猪名川水力電気との間に電気供給契約を結びました。六月には臨時株主総会、一の鳥居から吉川《よしかわ》村への延長線を申請、さらに新たに摂丹鉄道（亀岡〜本梅〜歌垣〜吉川村）の設立を申請するに至ります。

能勢電気鉄道株式会社は、大正二年（一九一三）四月八日には、箕有《きゆう》電軌が能勢口停留所を設置したのに合わせ、ここを基点にすることに変更します。同年三月三一日には能勢口・一の鳥居間の全工事を完了させ、四月一三日ついに開業式を迎えます。全七駅間乗車の場合の運賃は一〇銭。所要時間二五分で、途中絹延《きぬのべ》橋の駅には車庫を設置しました。電車は全部で六両、貨車は二両でした。

こうして、現在の川西能勢口駅付近には、官線の池田駅、箕面有馬電気軌道の能勢口と花屋敷の両停留所、そして能勢電鉄の能勢口停留所と、比較的狭い範囲に四つの鉄道駅が集まることとなったのです。

現在は位置が少しずつ変わっておりますが、その基本はこのころできあがったわけです。

ところで、能勢電鉄は、大正二年四月二一日吉川村への延長線が認可されますが、妙見軌道株式会社（注）にその延長線の権利を譲渡しています。財政余力が喪失していたためでした（負債一八万円に上っていました）。能勢電鉄は、この財政余力喪失のため、電力料金が払えず、七月二五日には猪名川水力電気（後述）からの送電中止の措置を受け、七時間に及んで電車を停止せざるを得ないという、公益企業としては驚くべき失態も経験しました。大正二年九月には太田の退社、三年七月三一日破産申請、八月五日神戸地裁破産決定と続きます。このときは弁護士山本周輔を破産管財人として営業を継続しています。

（注）妙見鋼索鉄道株式会社のこと。大正八年（一九一九）一一月笹部の平井清が代表で有志八人、免許申請。能勢電軌側との交渉がまとまり、一一年（一九二二）二月に認可、一四年（一九二五）八月一日に開業しています。

大正五年（一九一六）一月能勢電鉄は、ようやく栗本勇之助社長のもとで再建に着手し、五月には能勢口・官線池田駅間の延長線を申請（五年八月開業。新停留所名は「池田駅前」）、貨物輸送（三ツ矢サイダーと山下の精錬場用材）の実現を図りました。大正六年（一九一七）一二月、一の鳥居・吉川間に乗合自動車の認可を受け、七年（一九一八）四月フォード式乗合自動車五台で営業開始、八年（一九一九）には一の鳥居・山下間に自動車路線、九年（一九二〇）三月ようやく債務全額を弁済して復権します。こうしてようやく一〇年（一九二一）五月には自動車兼営事業を打ち切り、一一月には一の鳥居・吉川間の工事施行認可を受け、一一年（一九二二）三月着工と進んでいきます。またこのとき増資して一五〇万円となりますが、このときには、阪急が第二位の株主になっていました。阪急より三五万円の融資を受けて一二年（一九二三）一一月三日工事完了、営業を開始したわけです。

こうして、猪名川が持っていた水運・交通手段といった機能は歴史的な終焉を迎えることとなります。また、このような鉄道交通の発展は、猪名川流域の一つの地点に尼崎・伊丹・池田といった伝統的な町と並ぶ新しい、都市化した地点、交通結節点を生み出していきました。そしてそれは、この後この地域の基本構造を一新していく始まりになるものでもあったのです。これについては、項を改めて述べていきます。

ただし、箕有電鉄（のちの阪急）の駅名が「能勢口」「花屋敷」、阪鶴鉄道のそれが「池田」、そして能勢電鉄の駅名が「能勢口」「池田駅前」となったように、いずれにもその所在地村名にちなむ「川西」の文字はありませんでした。明治二二年（一八八九）の設置後相当の年数が経過しているにもかかわらず、当時における「川西村」の認知度の低さがうかがえるところではないでしょうか。川西に住む人々は、この後ながらくこのジレンマに悩むこととなるのです。

中心市街地としての川西村

さて、次に掲げる表を見てください。ここには川西村の旧村（大字）別の人口が明治一五年（一八八二）と大正九年（一九二〇）との間でどう変化したかが表されています（『市史』第三巻二八九ページより。ただし、増加倍率は独自に算出）。

	明治一五年	大正九年	倍率
滝山	七二	一一七	一・六二
萩原	一六七	二二四	一・三四
出在家	一四三	四五三	三・一六
火打	七八四	一八三二	二・三三
小戸	二五一	一八二三	七・二六
小花	一二五	七九五	六・三六
寺畑	一四七	五一八	三・五二
栄根	二八六	六七五	二・三六
加茂	九六七	八九〇	〇・九二
久代	四五一	五一五	一・一四
久代新田	一八八	二一一	一・一二
合計	三五八一	八〇五三	二・二四

小戸《おおべ》・小花《おばな》・寺畑《てらはた》といった、駅に近い地域ほど人口の増大が激しかったことが一目瞭然に分かるのではないでしょうか。明治中・後期の変化が分からないのが残念ですが、おそらく、この変化が見え始めたのは明治期の終わりから大正の初めのころにかけてでしょう。これらの地域では、先ほどから見てきた各駅のほか、そうした駅の設置をきっかけとして都市的な施設も、いろいろとつくられています。

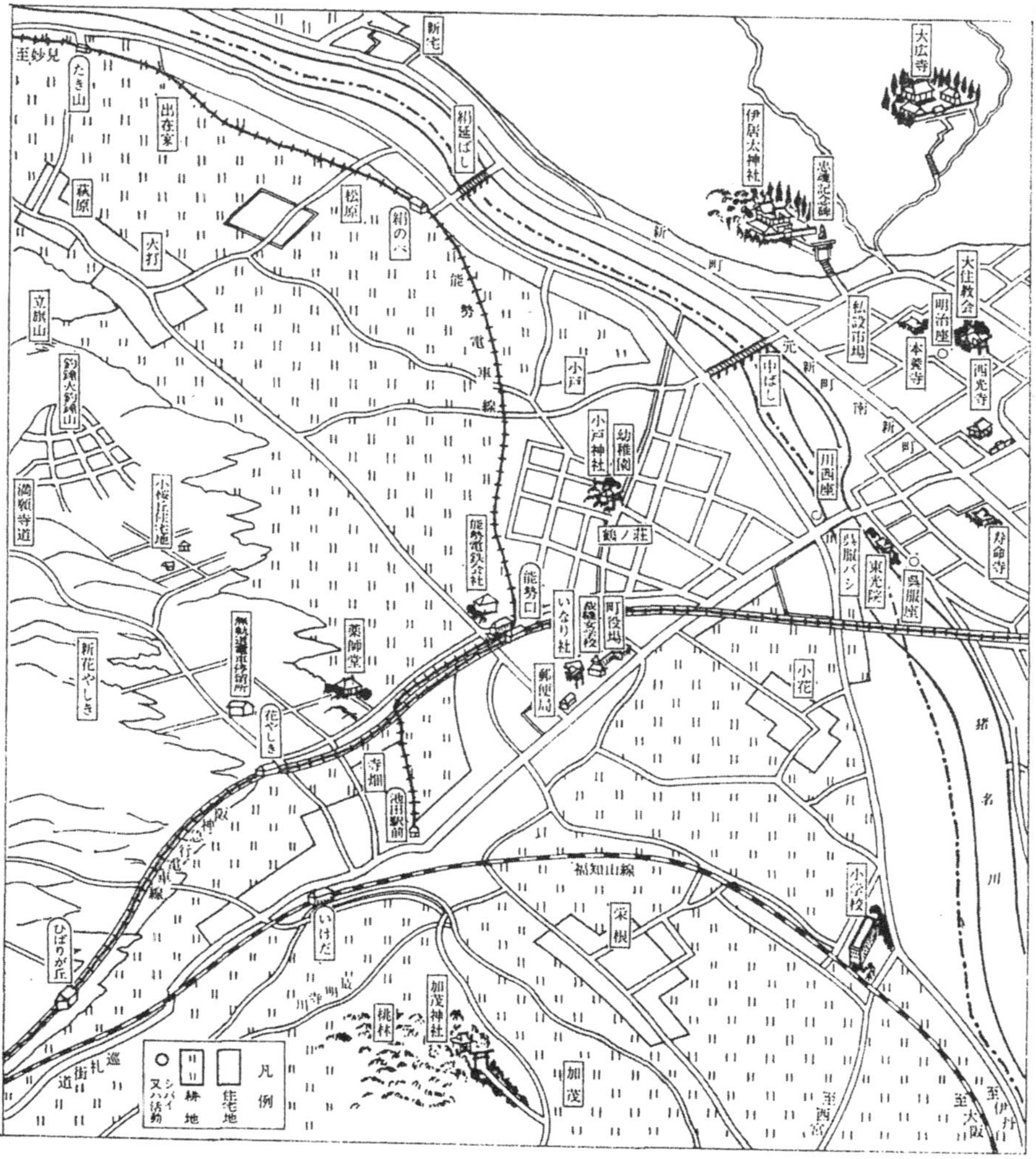

昭和５年ごろの川西町パノラマ図（『川西市史』第３巻・291頁）

小戸地区では、鶴之荘住宅地（大正三年七月、池田の北田栄太郎が開発）が開けます。栄根《さかね》地区では、川西郵便局（大正四年一二月、小花字今辻に）、川西座（創設年不詳、北田栄太郎創設、定員七〇〇人）、猪名川水力電気株式会社火力発電所（明治四三年、藤ノ木、なお後述します）、高野製帽工場など種々の商店・銀行などが軒を接し始めています。

そして、寺畑地区には、阪鶴鉄道会社および箕有電気の本社（明治三四年四月〜四二年四月）、鉄道員の宿舎、機関車修理工場、炭酸泉花屋敷温泉（明治四〇年ごろ、東塚一吉が開発、銭屋五兵衛の記念碑も）、花屋敷住宅（大正六年、大阪の大島実太郎が会社設立）、能勢口土地株式会社（大正八年大阪の田中数之助が設立、九年に新花屋敷温泉土地株式会社と改称、昭和三年無軌道電車の開設）などが展開していくのです。

こうした人口増と地域における諸施設の集中を踏まえ、大正一四年（一九二五）一〇月一日、川西村は町制を施行します。ちなみに、この年行われた第二回国勢調査の結果、川西町の戸数は二二四一世帯、人口九八三三人を数えるに至っていました。大正一三年（一九二四）二月十五日川西村会に提出された「川西村ヲ町トナサントスルノ件」と題された議案には、「人口一万四千五百人」といったようなオーバーな粉飾もありますが、町制実施が望ましいこととし、現状への自賛と将来への希望が、次のように語られています（『市史』第六巻九七〜九八ページ）。元の文章では送り仮名はカタカナなのですが、読みやすいようにひらがなに直し、かつ濁点も付して引用しておきます。

本村は人口壱万四千五百人、戸数壱千九百戸を有し、各戸は密接連檐して小都市を形成す。連続地池田町と合せば将に大市街地なり。抑々本村は往時より京都・大阪の二大市の要衝に当り、丹波・

北摂・中摂の生産地を抱擁し、商業地として歴史上知られたる所なるも、只、接続地池田町の名に依て覆はれしものなり。近代に至り、鉄道官線池田駅本村に設けられ、又丹波路の国道・県道改善せられ、且京都神戸線・京都三田方面線の国県道亦改良を加へらるに及び、俄に荷物集散の中心地を以て目せられ、商工業日に月に発展を見たり。近時能勢電気軌道株式会社敷設せられて茲《ここ》に起点となり、又阪神急行電鉄株式会社停留所三《ママ》ヶ所設置せらる等、交通機関の完備を見るに至り、本村の商工業昔日の比に非ざるなり。殊に大阪織物株式会社猪名川分工場・日之出友禅株式会社・高野製帽株式会社猪名川工場・木村友禅工場・日本園芸株式会社・中島護謨《ゴム》製造工場等の大会社・工場及其他四十余の会社工場増立を見るに及んで荷物の集散頓《とみ》に増大を加え、従て商工業殷盛《いんせい》を極めり、而《しか》も花屋敷・鶴ノ荘の二大土地株式会社住宅経営尽せるに至り、市街の面目大に改まれり。然るに尚村の名称を存するは本村の実際に適合せさるのみならす、商業上之が取引を阻害すること甚大にして、延て、工業の発達を将来に遅々せしむる虞《おそれ》あり。因て茲に村を町となし、町制を実施せんとする所以《ゆえん》なり。

読んでいただければすぐにわかるように、有史以来の質をもった地域変貌とも言うべき状況の出現とそれへの期待が滔々と語られています。しかし、この変貌は、中世以来の地域開発というものが、多くは猪名川水系の水と結びついた開発、とりわけ農業開発への傾向だったのとは大きく異なり、商業地域化、工業地域化そして都市地域化への希望だったところに大きな特徴が示されています。また、猪名川の流れへの交通運輸的機能は顧みられなくなっていること、かわって鉄道と道路への期待があふれていることにも注目しておくべきです。

たしかに、このような方向での発展は、この地域では歴史的な変化だったと言っていいでしょう。では、農業や水運とは違う所に見つけられたこのような地域発展、それがもたらす将来の可能性、それは、従来の猪名川に対する住民の意識をどう変化させていったのでしょうか。

住宅地の造成と猪名川の新しい価値

明治四三年（一九一〇）三月一〇日箕有《きゆう》電軌が営業を始めると、同社は六月以降「池田新市街」（室町住宅）の分譲住宅の販売に乗り出します。すでに前年秋には『如何なる土地を選ぶべきか、如何なる家屋に住むべきか』と題するパンフレットを発行し、「美しき水の都は昔の夢と消えて、空暗き煙の都に住む不幸なる我が大阪市民よ！」と書き出し、「飲料水良好」「塵埃《じんあい》を離脱せる仙境」「交通至便」の池田に住むべきだとして、大阪で働く会社員・官公吏・あるいは銀行員などの中流階層の人々に購入を宣伝し始めていました。電鉄会社が農地等を購入し、本格的な分譲住宅地を造成し、大都市住民に売り出した歴史的な出来事でした。

箕有電軌の狙いは、急速に膨張を遂げつつあった大都市住民の理想的住宅地域としての地域開発であったと思います。そしてその最初の候補地として猪名川流域の池田に目を着けたのです。しばらく時間は必要でしたが、住宅地としてのよく練られた計画とも相まってこの試みは成功していきます。川西村でも、鶴之荘住宅地の造成が大正三年（一九一四）七月頃から試みられています。次に引用するのは、この鶴之荘住宅地の案内パンフレットです。鶴之荘住宅地は猪名川に臨み、池田と接し、また能勢口から近い農地でした。この住宅地の開発は池田の人、北田栄太郎が企画したものです。訴えている要点は、いま見た室町住宅のそれと同趣旨であることがすぐにわかると思います（『市史』第六巻五六五〜五六八ページ）。

▲人は如何なる土地に住むべきか▼

（前略）然らば其健康地と称するは如何なる条件を具備すべきか、試みに之を列挙すれば凡そ左の如くなるべし。

イ　空気の善きこと　ロ　温度適良なること　ハ　水の清きこと

ニ　地の高燥なること　ホ　眺望佳なること　ヘ　物資の供給自由なること

▲鶴の荘は健康地▼

我鶴の荘の地は、北に摂津丹波の山を負いて、南は茅渟《ちぬ》の海に程近ければ、温度頗《すこぶ》る適良にして冬は暖かく夏は涼しく四季とも申分のない気候にて空気も最も善し。又地は猪名川の西方、河岸より西北に向ひて漸次心持ちづゝ高くなれるを以て、高燥の加減甚だ良く、湿気などは薬にしたくもなし。

井戸は何れを掘ても清麗の水を得、又猪名川の支流及び通水ありて荘内を流るゝが故に、見るからに心地能く好みによりては、此水流を庭園或は台所に引き入るゝも可なり。汚水は忽《たちま》ち下水に流し去る。

今に残る鶴之荘住宅地の面影

眺望は西に満願寺山脈ありて北に走り、遥に妙見山をも望むべく、東に池田の大広寺山、五月山あり、又南方二三里にして海をも見ることを得、其猪名川を隔て丶池田の山に対する景は恰《あたか》も京の東山の如し。
牡丹《ぼたん》、芍薬《しゃくやく》は花所とて春の人心を喜ばしめ、猪名川の清流と納涼とは夏に宜しく、秋は箕面の紅葉も道遠からず、冬は附近に多くの温泉あり。

（以下略）

鶴之荘住宅地の開発が猪名川の清流を目玉にしていたことは、一読してすぐにお分かりいただけることと存じます。「鶴の荘は健康地」という短い説明文の中に、「猪名川」の文字が四ヶ所も出てきます。もっとも、本文中にある「猪名川の支流及び通水」というのは、鶴之荘の位置から判断すれば加茂井の用水路と思われます。これを家の庭園に引き込み、あるいは下水として利用を示唆しているのは、加茂井の関係者にどこまで事前の説明を行い、了解を得ていたものか疑問も生じてきます。ただ、それは別として、このような住宅地としての価値を高めるものとして猪名川が位置づけられていることを、ここでは見ておきたいのです。

都市住民にとっての猪名川の価値は、第一に健康を保証する住環境として、第二に生活用水として、そして最後には風景としての山や名所と相俟った景観の要素として評価されています。これは、歴史上はじめて生じてきた猪名川の価値の発見だったと思います。日々喧騒にあふれた仕事に励む都市民もまた、そこから離れた猪名川流域の住民となって、猪名川の価値の享受者として立ち現われてきたわけです。

この時期、川西村やその周辺に住宅地を造成する事業が次々と現れてきています。大正四年（一九一五）には、武庫郡住吉村の阿部元太郎が長尾山の麓一五町歩の山林を開いておよそ一〇〇戸の理想的住宅を造ろうとして雲雀ケ丘住宅地の開発に力を注いでいます。

阿部元太郎は、雲雀ケ丘の駅前をつくり、その飲料水を近くの滝の谷川から引こうとしました。水と景観は、こうした住宅地にとって欠かすことのできない重要な要素となっていたのです。しかし、滝の谷川からの引水計画は、これを灌漑用水とする地元の寺畑区民と訴訟になりました。川の風景を楽しむだけならば、特に地元の関係者にとって問題とはならなかったと思いますが、用水を生活に利用するとなったときには、あらためて旧来からの権利者との調整が問題とされたということです。

発電事業の開始

大路次川を千軒《せんげん》（猪名川町）で堰き止め、そこから取水した一秒間三立方尺（〇・〇八三立方メートル）の水を東谷村大字国崎字知明《ちみょう》清閑寺まで引き、有効落差六四・五メートルを得て発電する仕組みが完成し、送電を開始したのは、明治四五年（一九一二）六月二〇日のことでした。兵庫県では明治二九年

（一八九六）に創業した姫路水力電気株式会社に続く水力による発電と送電の開始でした。水路の終点、出合の地に誕生した水力発電所は、スイス製三〇〇馬力の水車二基とドイツ製出力四〇〇キロワットの発電機を備えていました。

事業を始めたのは猪名川水力電気株式会社で、会社の創立は明治四二年（一九〇九）七月二八日、資本金は二五万円、本社は東谷村山下町に置かれていました。社長は大阪の実業家森九兵衛でしたが、常務取締役には野原種次郎（東谷村西畦野）で、発起人も一八人のうち一一人が川辺郡の人たちでした（大阪五人、京都市一人、東京市一人、東谷村西畦野一人、東畦野一人、下財屋敷三人、笹部二人、中谷村広根一人、多田村多田院一人、平野村一人、西多田村一人）。

彼らは、明治三六年（一九〇三）大阪で開かれた第五回内国勧業博覧会に行き、そこで、赤々と輝く電気の光に魅了されたと言われています。新しい文明の事業を始めようと東谷の人びとは発奮したと言っていいのではないでしょうか。地域の都市化と工業化の波も身近に感じ始めていた時期でした。その波の音を感じ、そして、そうした新事業を支えるものとして猪名川の新しい価値を彼らは発見したのです。

発電用水路の延長は、三〇二七メートル。この水路開削については、早く明治三八年（一九〇五）一二月二日、創立発起人の一人である平安邦太郎と国崎村地主総代三名との間に契約書が交わされています。それによれば、山林一坪につき金二五銭、耕地については事業起工時に双方立会いの上で定める潰地及び使用地賠償を支払うこととされていました。また、国崎村清閑寺用水について、旧来の堰溝を修繕負担し、灌漑の支障がないように（水を）供給する事ともされていました。その他の各条を見ても、国崎村に対する配慮に満ちていたことが読み取れます。この水路賠償は、明治四二年（一九〇九）七月、一坪金三五銭での買収と改められています。

猪名川水力電気の工事は見込みよりも遅れたようで、当座の方便として川西村小花藤ノ木に日本製のガス発動機とドイツ製の三相交流式発電機を据え付けて、明治四三年（一九一〇）一二月一日から発電と送電を開始しています。送電区域は川西村のほか伊丹町・池田町などで、北部山間部にまではまだ及んでいませんでした。

ちなみに、明治四二年一〇月三一日第一期事業報告書によれば、配電所は目下建築工事中、工事施工認可願いは池田町および川西村の一部に線路変更の追申、有馬郡塩瀬村・豊能郡箕面村・岡町村附近に供給区域拡張許可申請中とありました。多くは、新興の住宅地を抱えた町村です。

ところで、このとき隣の池田町で清酒醸造業の北村儀三郎を中心とする発電と送電の計画があったのですが（明治四一年三月から点灯開始との予定）、予定通り進まず、猪名川水力発電に権利と設備を譲ったことが伝えられています（『新修池田市史』第三巻四六一ページ）。ひょっとすると、これは推測ですが、藤ノ木に設置したガス発動機というものが、池田に準備されていた機械だったのかもしれません。

それはともかく、こうして火力発電を一時しのぎに使ったのですが、やがて水力発電ができるようになりますと、電気の需要は増加し、大正二年（一九一三）一二月末の電灯用電気の需用戸数は三九四五戸で一四九キロワット、電力用電気は三二戸で五六キロワットという広がりを示しました。点灯規定では、一ヶ年平均一日約一三時間。白熱常夜灯・臨時常夜灯・白熱計量灯・孤光灯の区別があり、たとえば、白熱常夜灯五燭光一ヶ月で四五銭、一〇燭光で六五銭と定められていました。こうして、猪名川流域の各所、さらにそこから広がる各所に電灯が灯されることとなり、ついに北摂一帯に電化時代の幕を開いたのです。もちろん、先に見た能勢電鉄も大きな供給先だったと思われます。猪名川の水流は、ここでも新しい価値を見出されたと言っていいものです。

猪名川水力発電株式会社は、こののち需要を伸ばしていきますが、大正一〇年（一九二一）には阪急電鉄に買収されます。阪急電鉄もまた、走行に必要な電力を自家発電し、余った電気を周辺に販売していたのですが、この買収によってさらに広範囲に電気を供給することができるようになりました。もっとも、猪名川水力電気株式会社が阪急電鉄に買収された理由については、改めて検討することが必要です。おそらくは、第一次世界大戦後の経済界の不況と関係があったものと思われます。

千軒の発電用堰の跡

川の工業的利用

鉄道駅の集中するようになった川西村では、大正期を経過する中、商業や工業への期待が高まってきます。すでに見たところですが、大正一三年（一九二四）二月十五日川西村会に提出された「川西村ヲ町トナサントスルノ件」と題された議案書には、「本村ノ商工業昔日ノ比ニ非サルナリ」として、大阪織物株式会社猪名川分工場・日之出友禅株式会社・高野製帽株式会社猪名川工場・木村友禅工場・日本園芸株式会社・中島護謨製造工場等ノ大会社・工場及其他四十余ノ会社工場」の「増立」が謳われ、商工業が殷賑となっていることへの賛辞が連ねられていました。川西村では、このほか猪名川水力電気の発電施設もできています。

また、目を川西村の北隣、多田村に転じてみますと、一時東洋第一の規模を誇った有名な炭酸泉（三ツ矢サイダー）の汲み上げ・加工場が村内の平野地区で操業していました。さらに、その北の東谷村山下には銀銅鉱の精錬場がありました。いずれも、猪名川流域にあって、地域の農業や水産業中心の産業構造に転換を迫る力を持っていたし、その期待も広めていたと言っていいでしょう。

これらの工場は、猪名川の水を利用するだけでなく、そこにしばしば汚水も流していたようです。だから、排水はもちろん、利水についても、ともども旧来からの農業用水路に関わる権利者としての水利組合等との調整が強く求められていたことも当然のことでした。そして、それは徹頭徹尾旧村関係者に気を使った、周到な契約書の締結となっているのが普通でした。

なお、このことは、工業的な水の利用が始まる江戸時代半ば以降からそうでした。今回は触れることができませんでしたが、江戸時代後期以後近代になっても動いていた、井水を利用した水車経営、この水車経営においても、業者が井水の権利者から、いかに厳しい条件を付されていたか、思い半ばに過ぎるところがあります（注）。ちなみに、こういう事情があったからこそ、鶴之荘住宅地の販売パンフレットのところで「井水を屋敷内に引き入れ」云々の文言があることについて、それで大丈夫だったのかと注釈を加えた次第でもあります。

（注）池田重義『出在家村　水車人つわ』（私家版、発行年不明）は、出在家村で小戸井の水を利用して動かした水車経営について、その出資者であり、経営者でもあったつわという女性の奮闘の様子を資料を基に再現したものです。たいへん参考になりました。

では、大正末期から昭和初年のころはどうなっていたのでしょうか。『市史』に記録の残る友禅流しの工場について、具体的に見てみましょう。

まず、日の出友禅工場の引水契約書です（『市史』第六巻三五七〜三五八ページ）。これは、小戸用水路字滝山丸垣内通称出在家より滝山へ通じる石橋西詰から内径一インチの鉄管を以て工場内に引水するものでした。契約書の第二条では、その動力使用に対し金四〇円を区長へ持参すること、第三条では、農業用水として利用する六月二〇日から九月二〇日までは入口を封鎖し使用しないこと、第六条では、工場へ引水した余水は井溝へ排水しないこと、第八条、契約期間は大正一〇年（一九二一）一月二二日から向こう五ヶ年間とすること、などです。友禅流し業者にとって、工業用水が不可欠であったことも分かりますが、灌漑用水を守ろうとする小戸井関係地区の区長らの真剣な対応も分かってきます。

次に木村友禅工場が大阪府知事に提出した河川流水面占用願いです（『市史』第六巻三五八～三六〇ページ）。木村友禅工場の経営者は川西町出在家字菜洗《なあらい》の者ですが、対岸の豊能郡細河村字木部《きべ》の猪名川筋河川流水面二一坪を洗浄の目的で使用したいというものでした。これは、一月から六月までと九月から一二月までの使用部分、それと七月から八月までの使用部分の二ヶ所あったようです。季節による猪名川の水量変化に対応しようとしていたものと思われます。出願は、昭和二年（一九二七）九月のことでした。ここでは、大阪府指定の使用料金を支払うこと、命ぜられた使用条件を順守することが決められています。

もう一つ、昭和三年（一九二八）一月多田村多田院字順松《じゅんまつ》に設けられた笹部氏と西村氏の友禅工場について。ここでは同村新田字下川原二六二番地の一に洗い場として百坪の使用を兵庫県知事に願い出ています（『市史』第三巻三六〇～三六二ページ）。使用の条件として、川敷は現状のまま、何ら工作を施さないこと、使用期間は向こう五年間、使用料は年間一〇円、洗浄のために薬品は使用しないこと、洗浄する友禅に使用するものは、糯米粉《もち》・精米粉を主たるものとし、これに少量の塩基性及び酸性染料を加えたもの。ごく微量の色素と糯米粉および精米粉で作った糊粕を流出するというものでした。

その他の織物工場や製帽工場などについては、市史編纂時記録が見つからなかったためかと思いますが、記録がなく、もちろん、用水と排水についての規定等も判明していません。ただし、たぶん、友禅工場とよく似たものだったと考えていいのだろうと思います。

第一次世界大戦（一九一四～一八）期以降、大阪市内や尼崎市内などでは、急速に工業が発展し、あたかも工業を市是とするかのように紡績工場や金属工場を中心に諸工場が立地し、巨大な阪神工業地帯を築き上げていっていました。大阪市などは、大正一四年（一九二五）西成郡・東成郡のすべてを編入し、広大な工業用地を確保するとともに、商業・金融都市として、また世界有数の都市人口を有する、いわゆる「大大阪」の形成に向かって驀進し始めていました。こうした地域については、農業関係者の相対的地位の低下とともに、商工業優先の関係が成立していきます（注）。

（注）拙著『近代大阪の工業化と都市形成』（明石書店、二〇一一年）に詳しくまとめています。

しかし、猪名川流域では商業化・工業化が進んでいたとはいえ、特に中流以上ではまだそれほどの状況とはなっていなかったと見るべきでしょう。つまり、あいかわらず農業関係者の力が強かったのです。ここに、この地域の大きな特性があったと言っていいのではないでしょうか。

国や府県は工業経営者に大きな配慮を払っていますが、農業経営に対しても随分と気を遣っていたのです。猪名川流域では、戦前・戦中期から戦後も長らく農業は大きな産業であり、これを重視する思想が続いていくようであります。ちなみに、この関係が崩れ始めるのは昭和三〇年代半ばごろ（一九六〇年ごろ）に農業生産がピークを迎えてからのことと思われます（これについては次節をご参照ください）。

『女工哀史』の作者と猪名川

ところで、急に話が変わりますが、大正一四年（一九二五）七月初版が発行された『女工哀史』のことです。これは、戦前の日本資本主義を底辺で支えた女子労働者の生活記録として、彼女らの働く紡績会社の労働現場を記録するものとして、また文学作品としても不朽の価値を持っています。もちろん、『女工哀史』については教科書にも出てくるものですから、もはや、あれこれ説明する必要はないでしょう。しかし、この著書のかなりの部分が、多田村新田の猪名川染織所でこの著者とその妻が働きながら書き続けていたことはご存じだったでしょうか。著者らが猪名川の流れに心を癒されながらこの不朽の名作を書き綴っていたこと、これは猪名川の歴史にとっても欠かすことができません。ここで、ぜひ紹介しておきたいと考える所以です。

女工哀史と細井和喜蔵碑
丹後ちりめんで知られる京都府与謝野町加悦、細井和喜蔵の生家近くに建つ。裏面には1958年秋　加悦町細井和喜蔵顕彰員会が建てたと記されている。

『女工哀史』の著者は細井和喜蔵。明治三〇年（一八九七）五月八日、京都府与謝郡加悦《かや》町加悦谷に生まれました。関西の工場で職工生活に入り、やがて労働運動に参加します。そのため「黒表（ブラックリスト）」がついて就職ができなくなったと自分で述べています（『女工哀史』自序）。彼は、東京に出て仕事につきながら、いつかはみずからが体験してきた紡績女工たちの劣悪な生活実態を小説的、散文的にまとめてみようと思い立ちます。そして、東京の工場で働きながら、少しずつ書き始めようとしていたのですが、またまた工場の争議に巻き込まれてそこも辞めざるを得なくなってしまいます。こうして彼は二年前に結婚していた妻としをの仕事とその収入に頼りつつ『女工哀史』の文章を書き始めたのです。大正一二年（一九二三）七月、二六歳の時でした。

さて、このままならば、この名著は東京で書き上げられていたと思われますが、運命というのは不思議なものです。大正一二年九月一日に起きた関東大震災で、震災後数日は東京で過ごしていたのですが、労働運動家は殺されるという友人の警告を聞いて、彼らは、取るものもとりあえず、二人で家を出、上野～直江津～名古屋～岐阜へと回って、やがて大阪四貫島の東洋紡績社宅に住む昔の知り合いの家に厄介になり、続いて、世話する人の勧めで多田村の猪名川染織所に勤務することとなったのです（高井としを『わたしの「女工哀史」』岩波文庫、二〇一五年）。

ところで、多田村の猪名川染織所といま簡単に書きましたが、ここを特定するにはいろいろ調べることが必要でした。細井和喜蔵の『女工哀史』自序には「兵庫県能勢の山中へ落ち延びて小やかな工場へはいり」とだけあります。これでは工場は特定できません。しかし、『女工哀史』の本文には、「大阪の大資本家喜多又蔵氏の経営にかかる兵庫県猪名川染織所」という名が何ヶ所かに出てきて、たとえば労働者の住居の様子について、「表面だけ二十六畳部屋に定員二十二人としておき、その実三十三人まで入れてゐる。こうなるともう入れるのではなくして無理矢理に押し込むのだ。全く足の踏み入れ処が無い。其の上此処はまた一つの部屋の配置については棟々を「松の寮」、「竹の寮」、「梅の寮」とか「何分舎」とか称え、部屋は「何十何号」と呼ぶ」といった具合に、実に見ていなければわからないことを記述しているのです。

わたしは、この「猪名川染織所」というのが本人たちの働く工場であり、またそのそばの住まいで『女工哀史』を執筆していたと目星を付けていたのですが、決め手がありませんでした。なにより、『川西市史』にこのような名前の工場の記録が全く出てきていないのです。「川西村を川西町へ」という村議会の議案書の中には紡織関係として「大阪織物株式会社猪名川分工場」というのが出てきますが、名前がどうもあいません。しかもこれは、川西村所在の工場です。

また、最近岩波文庫から出版された細井和喜蔵の妻だった高井としをの『わたしの「女工哀史」』は、この間の出来事を詳細に語っていて、たいへん分かりやすいのですが、そこには「兵庫県の猪名川の上流の多田村にあった猪名川製織所へ入社した」とあって、「猪名川染織所」とはなっていません。しかも、この名前の会社も『川西市史』には出てきていないのです。

ただ、多田村という村名が出てきたのは、この本が最初です。間違いなく現在の川西市内にあった工場です。これは大きなヒントになると思いました。そこで、念のためにと考えてネットで「猪名川染織所」を検索してみました。そうすると、大原社会問題研究所の所蔵する労働争議に関する調査資料の中に「猪名川染織所」の労働争議調査表が出てきて、手書きのメモで「兵庫県川辺郡多田村」と記入されています。争議発生時期は大正十五年となっています。また、ネットにはもう一つ、『官報』が掲載されており、第四三〇二号（大正一五年一二月二四日）に内務省告「第二三九号」で健康保険組合の設立を認可しているのです。それが喜多合名会社（大阪市西区江戸堀南通二丁目十三番地）で、組合の名称「猪名川染織所健康保険組合」、事務所の所在地「兵庫県川辺郡多田村新田字下川原二百六十二番地ノ一」となっています。なお、この健康保険組合の解散についても官報があり、昭和七年七月一日であることが明示されています。まさしく、細井和喜蔵が『女工哀史』本文で何度か紹介している大阪の資本家喜多又蔵の会社「猪名川染織所」そのものです。だから、もうこれに間違いないと考えられるようになったわけです。高井としをが「猪名川製織所」と記載しているのは「猪名川染織所」の勘違いだったというべきです。なにしろ、一九八〇年という相当後年になって記述された自伝ですから、間違ったとしても無理はないと思います。むしろ、よく似た名前を五七年ものあいだ覚えていたことの方に驚きます。それだけ、思い出も深いものがあったのでしょう。

ところで、この猪名川染織所のあった場所、それは少し前にここで紹介した多田村多田院字順松《じゅんまつ》に設けられた笹部氏と西村氏の友禅工場の洗い場、それが、まさしく同村新田字下川原二六二番地の一となっているのと同じなのです。友禅工場の方は百坪の使用許可を昭和三年一月、兵庫県知事に願い出ていますす。この友禅工場と猪名川染織所は同じ場所にあったわけです。そうすると、どうなるのでしょう。これは同一の事業体とみなすべきか、あるいは他に何か事情があったものか、そこはまだわかりません。ただ、高井としをの著書では、「そこでは木綿の二幅物を織っていましたが、染め物もしていました。工場で織り上げたものを染めて、青や赤の美しい布を猪名川の清流で晒していたのです」と書かれていますす（高井前掲書八六〜八七ページ）。こうなってくると、この二つの事業所、別々のものとは言えないのではないかという思いも強くなってきます。しかし、まだ結論は出さない方がいいのかもしれません。

ともあれ、『女工哀史』は、多田村の字新田、猪名川の流れのそば、猪名川染織所で働き出した細井和喜蔵・としを夫妻の協力で書き続けられたものでした。彼らの住まいは、猪名川沿いの農家、そこに間借りした少し広めの二部屋でした。高井としをは『わたしの「女工哀史」』の中でそのころのことを懐かしみ、さまざまに述懐しています。

その会社の工場は猪名川のそばにあり、男女あわせて五百人ほどで、女子は寄宿舎住まいが多く、男の人や夫婦共稼ぎの人は社宅で、小学校も近くてとても良い所でした。そこでは木綿の二幅物を織っていましたが、染め物もしていました。工場で織り上げたものを染めて、青や赤の美しい布を猪名川の清流で晒していたのです。私たち新参者には社宅の空き家がないので、近くの百姓家の二階を借りました。さすがに田舎の家は広くて、八畳二間を借りて一カ月の家賃が二円五十銭。荷物が一つもないので広すぎて困るほどでした。（中略）

猪名川製織所では、和喜蔵は機械直し、私は織場で働きましたが、給料は安くて二人で一カ月働いて三十円ほどだったので、年の暮れも近く寒くなっても、木綿の着物も現金で買えず、ニコニコ絣の着物と羽織の反物を月賦で買い、私は生まれてはじめて男物の着物と羽織をぬってあげたら、和喜蔵は大喜びでおどりだしました。

そんな貧乏暮らしでも二人は若く、田舎の生まれでしたので、秋は山や川の景色を楽しみ、川で洗濯をしたり、日曜日には山歩きをして栗を拾ったり、楽しい毎日でした。和喜蔵は何としても『女工哀史』を世に出したいと、毎日すこしずつ書いておりました。（以下略）

猪名川染織所の横を流れる猪名川
対岸竹林の見える所から上部、広くなった所に工場用地が広がっていた。和喜蔵・としを夫妻はこの川をはだしで渉って工場と宿舎を行き来したと思われる。

としをの文章は、この後も、改造社から送られてきた百円の印税をめぐる警察とのやりとり、それをうけて住まいを川の対岸に移した顚末など、興味ある記述が続きます。川には橋がなかったので、足袋を脱いで飛び石伝いに対岸に渡り工場に通ったことも記されています。こうして、半年余りを猪名川の流れとともに過ごしたのですが、大正一三年（一九二四）二月二三日、なごりを惜しみながらこの地を離れ再び東京に帰り、やがて、原稿を書き終え、翌年出版にこぎつけます。しかし、和喜蔵の命はここで途切れます。また、妻のとしをは、彼女の父親の意思を慮ったため正式の戸籍に入ることがなく、明治民法の規定で、和喜蔵死後の一時を除いて、その印税も手にすることができませんでした。

『女工哀史』の中では、猪名川染織所の話は少なくありません。ちょっと引用してみましょう。大正一二年（一九二三）一〇月兵庫県で行われた「労働調査」の実態を暴露したものです。

大正十二年十月には兵庫県、翌十三年十月には全国各府県で「労働調査」といふものを執行したが、そんなたわいもないことで労働界の精しい実情が調べられると思ふ、お役人様の、ノホ、ンさ加減が嗤ひたい。有名な実業家でフランスの平和会議にまで日本を代表して行った喜多又蔵氏の経営にかゝる兵庫県猪名川染織所に於いて、此の細井和喜蔵がどう調査されたかを一寸お話しよう。

　抑も小生を調査すべく兵庫県から任命されたものが色染部阪倉主任といふ工場の支配階級であって、原籍と現住所と学歴を訊いた以外のことは、皆な彼れが勝手にペンを走らせて認めて了つた。こんな調子で五百人程の男女工は悉く工場監督によつていゝ加減な出鱈目、それも資本家にとつて都合のいゝように作つた用紙で報告されて了つたのであつた。（岩波文庫版二一九ページ）

　この文章でも大正一二年一〇月には、多田村に来ていることが明らかにされています。彼の文章がまさに現実を踏まえていることがこんなところにも示されているのです。川西の近代史を知るためには、今後この工場に関する『女工哀史』の記述は特別の注意をもって研究しなければならないでしょう。また、従業員が五〇〇人もいたという大きな工場でありながら、歴史資料の調査ができていなかったという事実も残念の極みです（注）。

（注）この工場について、幸いなことに昭和九年（一九三四）にこの工場の近くで生まれ、現在も少し離れたところで暮らしておられる滝花恒良氏のお話を聞くことができました。それによりますと、猪名川染織所の住所とされた多田村字新田下川原と、笹部・西村両氏の経営する友禅流し工場の住所＝多田院順松《じゅんまつ》とは隣り合った場所で、一つながりとなっているとのこと。ちょっと前まであったニチカン川西工場からベリタス病院のあるあたり。氏の記憶ではすでに猪名川染織所はなく、大日本繊維の麻工場と友禅工場であること。麻工場は規模が大きく、たくさんの女工さんが働いていたこと。その女工さんは地元の方はほとんどいなく、多くは滋賀県方面からこられていたこと。社宅や寮、夫婦者には家族寮があったこと。盆踊りの時には近くの住民も遊びに行ったこと。工場

は大きな木材でできていたこと。道路に面して多田神社の参詣者や、この工場の従業員などを相手にした商店も並んでいたこと。昭和二〇年（一九四五）には米軍のＰ五一戦闘機の銃撃を受け、工場も焼けたこと。以上のようなことをお話していただいた。なお、同氏は、戦時中上流で木をどんどん伐ったために、水がたくさん出るようになり、多田では川幅が広がり、戦後の水害で工場も流されたのを見たとも語られた。多田の大日本麻工場への空襲については、『市史』第三巻三七六ページにも記載があります。ただし、『市史』第三巻では多田の空襲について「新田字深山」「新田字下川原」そして日本麻工業（戦後日本繊維工業と改称）の三件が別々の攻撃のごとくに並べられています。これは、あるいは日本麻工業という軍需工場一つをターゲットにしたものだったのかもしれません。

なお、猪名川の流れがその沿川に暮らす人の心に深い感慨を催していたことは、古代の万葉集の歌もさることながら、近代に入っては、明治末から戦前・戦中期にかけて作家として活躍した上司小剣《かみつかさしょうけん》の例もあります。上司小剣は多田神社宮司の家（紀氏）に明治七年（一八七四）に生まれ、明治三〇年（一八九七）までをそこで過ごした人物です。彼が物した、たとえば『石合戦』は、猪名川の風景を舞台に、維新後の村の人々の階層や年齢等による意識の違いが物語を重層的に展開させる様子がヴィヴィッドに描かれています。川西市史編集室が編集し、川西市役所が発行した『川西史話』（一九八一）には、小山仁示氏による味わい深い文章が掲載されています（上司小剣の文学と多田）。また、吉田悦司『上司小剣論』（翰林書房、二〇〇八年）、大塚子悠『星ひとつ―小剣さんを歩く』（信樹舎、二〇〇六年）があります。大塚子悠氏の本は、上司小剣のひととなり、時代の中に羽ばたこうとする苦悩が多田地域の風物やそこに生きた当時の人物の思いと相俟って、たいへん味わい深い文になっています。

（3）戦後の都市化と猪名川

農業をめぐる社会の構造的転換

さて、話は戦後に移ります。昭和三〇年（一九五五）代から五〇年（一九七五）代へ、つまり、わずかに二〇年ぐらいしかないのですが、日本全体、地域の社会構造には歴史的に見てもたいへん大きな変動が生じました。現在の川西市を構成する旧川西町・旧多田村・旧東谷村を初めその周辺町村も例外ではありませんでした。猪名川を軸にこの地域のありようを知ろうとするとき、この時期に生じた大きな社会変動を見落とすことはできません。それは一方における農業と共同体的な旧村の衰退、そして他方における都市化の急進展と呼んでいいものだと思います。川西市域では、これが両方とも並行して進んだところに特徴があります。そこで、まずこの有様を具体的に見ていくことにしましょう。初めに、農業と共同体的な旧村の衰退からです。

「猪名川流域の市街化状況」と題する図（猪名川流域総合治水対策協議会「猪名川流域の総合治水対策」）があります。これをご覧ください。昭和二二年（一九四七）、三六年（一九六一）、六〇年（一九八五）、そして平成一〇年（一九九八）の土地利用状況が図示されています。白黒だけの印刷にしたので、すこしわかりにくくなりましたが、漏斗型に見える流域図の下部、長尾山麓から南に広がる平野部では、昭

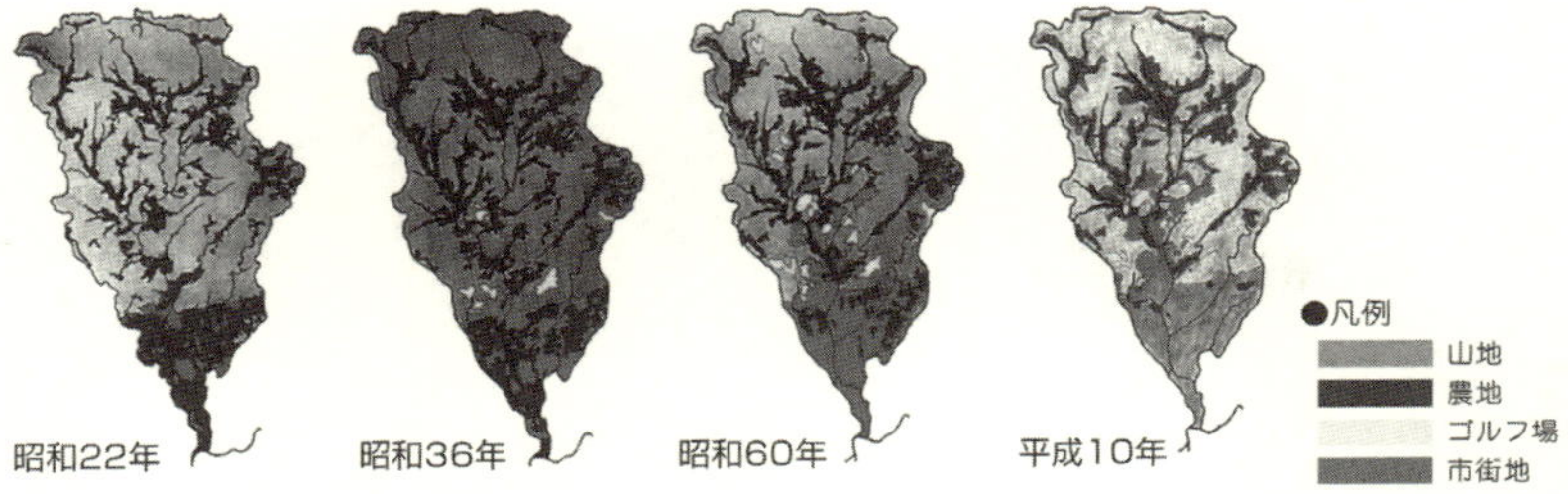

猪名川流域の市街化状況
（猪名川流域総合治水対策協議会「猪名川流域の総合治水対策」より）

和二二年から六〇年までの間に「農地」が激減し、かわって「市街地」が一面を覆うようになっていることが確認できると思います。

もっとも、山間部について見れば、いささか状況は違っています。すなわち、山間部では逆に農地面積は昭和三六年（一九六一）ごろにピークを迎えています。これは、第二次世界大戦後食糧事情のひっ迫する中で、農業生産の拡大、中でも主食であるコメの生産拡大を目標とした政府の農業政策を反映していました。山間部は、むしろ農業の盛んな地域となっていたのです。

しかし、そうした山間部でも、やがて市街地の進出があり、またゴルフ場の開発が始まっていきます。つまり、平地部よりも遅れたとはいえ、ここでもやはり農業を根幹とした地域政策が成り立ちにくくなっていくことが見えているのではないかと思います。

世界農林業センサスによる農家とは、基本的に経営耕地面積五アール以上の農家を指します。ちなみに、一反＝一〇畝＝三〇〇坪は約一〇アールです。だから五アールとは〇・五反＝五畝＝一五〇坪の広さを指します。この広さ以上の耕地面積を持つ者が農家とされたわけです。

さて、農地改革が終わっていた昭和二五年（一九五〇）の農業センサスでは、のちに川西市域を構成することになる三町村の合計農家数は一二一五戸、うち川西地区が五〇五戸、多田地区が三六三戸、東谷地区が三四七戸という数字が示されています。もちろん、戦争前の農村を覆っていた地主制を廃止しようという農地改革の影響は川西市域でも例外ではありませんでした。地主による土地の占有が否定されました。その結果、一町五反以上の面積を耕作する農家は、この時期、多田地区に一戸あるだけとなっていました。ただし、三反未満の零細農家は多く、全体で四一九戸という多数を占めていたことも示されていました（『市史』第三巻四四五ページ）。

昭和二五年（一九五〇）には国勢調査も行われています。そこで、その結果ともあわせ、地区ごとに農家の占める割合を求めてみました。そうすると、川西町では総世帯数五四〇二戸のうち農家は五〇五戸、全体の九・三パーセントとなっていました。川西地区で農家の比率がこのように低いのは、大正期以降人口を増やし市街地を形成してきた駅周辺地区の変化を反映していた結果だと思われます。

これに対し、多田村では九九三戸のうち三六三戸、つまり全体の三六・六パーセント。また東谷村では七九一戸のうち三四七戸、つまり全体の四三・九パーセントがそれぞれ農家でした（『市史』第三巻四一七ページ）。多田地区・東谷地区での農家の存在感はまだまだ大きかったと言っていいでしょう。

さて、その農家数は一〇年後の昭和三五年（一九六〇）、川西市全体で一一四九戸（川西地区四五一、多田地区三五七、東谷地区三四一）となっています。昭和二五年から見ると、五・五パーセントの減少でした。これは、かつての時代ならば大きな問題となる減少ぶりですが、実は、この後の変化の前触れのようなものにすぎませんでした。

実際、この昭和三五年前後のころから農家の減少スピードが加速していきます。すなわち、さらに一〇年後の昭和四五年（一九七〇）には九二五戸（川西地区三三三、多田地区二九六、東谷地区二九六）。二二四戸が減少しました。この減少率は実に一九・五パーセント。なかでも、川西地区の減少は激しく、その減少率は二六・二パーセントに及んでいます。ちなみに、この間の日本全体の減少率は一一・八パーセントでした。なお、多田地区の減少率は一七・一パーセントで、これも高く、隣接する川西地区の変化に引きずられていたようです。かろうじて東谷地区の減少率が一三・二パーセントにとどまっていましたが、それでも全国平均を少しだけ上回る数字となっていました（『市史』第三巻六〇四ページ）。

つぎに、猪名川水系の水を不可欠の条件とする水稲の作付面積について見てみましょう。これは、昭和三四〜五年（一九五九〜六〇）まで伸びて、全体で五〇〇ヘクタールを超えていました。それがこの時を境に急激に減少に転じ、昭和四七年（一九七二）には、二〇〇ヘクタール前後にまで落ちていきます（『市史』第三巻六〇三ページ）。

このように、昭和三〇年代半ば以降、農業の衰退、農家の地区社会に占める力、そして当然、猪名川に対する影響力も急速に減退する時代が始まったのです。

川西市の成立

昭和二九年（一九五四）八月一日、近い将来に農業がこのような状況になることを知ってか知らずか、町村合併促進法に基づいて兵庫県が提案した川西町・多田村・東谷村の合併が実現し、ここに新しく川西市が誕生します。

振り返ってみれば、昭和二〇年代半ば以降、川西町のみならず周辺市町村では合併をめぐる様々な動きで満ち溢れてきます。その具体的な動きは、『市史』第三巻第五章第二節において詳しく描かれています。それは実に複雑な軌跡を描くものでした。その跡を訪ねれば、当時の地域指導者たちが地域の将来像をどう描いていたかも分かってきそうです。ただ、よく見るとわかることですが、このような動きの背景には財政難に苦しむ戦後の地方自治の実態がありました。それを何とか克服すること、併せて地域の格を上げることが目指されていたのです。

戦後、地方自治は、日本の民主改革を支える重要な柱とされました。しかし、財政基盤が弱いままという根本的な問題を抱えていたのです。たとえば、義務教育とされた小学校と中学校の経営、あるいは自治体警察などの制度を維持するため、各市町村は実に多大な苦心を重ねています。しかし、ついに自治体警察制度は全国的に廃止され、それでも財政再建団体に指定される自治体があとを絶ちませんでした。昭和二五年町制実施二五年を迎えた川西町も、世帯数五四〇二戸、人口二万四一四六人を数えていましたが、その例外ではなかったのです。

こうした中、昭和二八年（一九五三）九月に公布された町村合併促進法は、第一条で「町村が町村合併によりその組織及び運営を合理的且つ能率的にし、住民の福祉を増進するように規模の適正化を図ることを積極的に促進し、もって町村における地方自治の本旨の十分な実現に資することを目的とする」

と規定しました。要するに乏しい財源をそのままに、合併によって財政が成り立つようにするというのが根本的な目的とされたのです。

しかし、合併によって念願の市制を施行した新生川西市の進路は、おそらく、合併を推進した多くの人々の思いとは別のものとなったのではないでしょうか。先ほどから述べているように、新しく川西市ができたころから川西市の社会構造は歴史的な大変貌を遂げていくのです。一方、川西市の財政事情は一貫して苦しい道のりを歩むこととなります。

都市化の進展

『市史』第三巻五二七ページに毎年の川西市域の地区別人口推移表（昭和二五年〜四九年）が掲載されています。まず昭和二五年（一九五〇）と三〇年（一九五五）を比較してみます。次の通りです。

	昭和二五年	昭和三〇年	増減率
川西地区	二万五一五五人	二万七五四二人	九・四％
多田地区	四六四九人	四五八七人	▽一・三％
東谷地区	三八二一人	三七二八人	▽二・四％

これによると、昭和二五年から三〇年までの五年間は川西地区が二三八七人増加していますが、全体に停滞的だったことがわかります。

ところが、昭和三〇年ごろから多田・東谷地区はそう変動がないのですが、次の表の通り、川西地区は三〇年（一九五五）の人口二万七五四二人が三五年（一九六〇）には三万二九三六人へと、五三九四人、率にして一九・六パーセントの増加を示しました。

	昭和三〇年	昭和三五年	増減率
川西地区	二万七五四二人	三万二九三六人	一九・六％
多田地区	四五八七人	四七〇五人	二・六％
東谷地区	三七二八人	三六六四人	▽一・七％

昭和三一年（一九五六）通産省発行の『経済白書』では「もはや戦後ではない」と記載され、この後日本は戦前の水準をはるかに超える急速な経済成長を長期にわたって進めることとなります。このいわゆる高度経済成長期に入った日本では急速に都市人口の増大が進行し始めており、川西市に近い京阪神地域もまたその大きな受け皿として変貌しはじめていたのです。大阪梅田に二十数分で直結する阪急電車の能勢口駅周辺に都会に通勤する人々の家族が住宅を求めて移り住んでくるのは時の流れでした。阪急電車の一日乗降客数は昭和三〇年（一九五五）に定期利用者が九三六一人、定期外利用者が五五七六人だったのが、三五年（一九六〇）にはそれぞれ一万三三九五人、六六八〇人へと増えていました。

このような人口増の傾向は、昭和三五年を過ぎるとさらに加速します。さらに表を見てみましょう。

	昭和三五年	昭和四〇年	増減率
川西地区	三万二九三六人	五万〇三八四人	五三・〇％
多田地区	四七〇五人	五五八四人	一八・七％

東谷地区	三六六四人	四二八六人	一七・〇%

川西地区は昭和三五年（一九六〇）の人口三万二九三六人が四〇年（一九六五）には五万〇三八四人と、この五年間だけで一万七四四八人の増加、率にして五三・〇パーセント、すなわち毎年一〇パーセント前後という驚異的な増加を示します。そしてその増勢は四五年（一九七〇）に六万三四五三人（二五・九パーセント増）を記録して落ち着くまで衰えながらも継続するのです（次表も参照）。この間、多くの法規違反の住宅が能勢口駅周辺に無秩序に立ち並び、火災の心配は言うに及ばず、排水が悪く、空気の流通も悪いといった劣悪な都市環境を作っていたことを記憶しておられる方も多いのではないでしょうか。若い単婚家族が多く、小学校も中学校も教室の不足をはじめ、大変な状況を迎えます（川西市『川西市30年のあゆみ』一九八四年、一五ページ以下）。

一方、北部の多田地区では昭和四〇年（一九六五）ごろから、そして東谷地区では四三年（一九六八）ごろから急速な人口増加を示すようになります。

	昭和四三年	昭和四九年	増減率
川西地区	五万七四六一人	六万六六七八人	一六・〇%
多田地区	七五〇五人	二万八二二六人	二七六・一%
東谷地区	五五一二人	一万五一六八人	一七五・二%

それぞれの地区ごとの増減率は表のとおりですが、この間の単純な人口の比較をすれば、多田地区では昭和四九年は四三年の三・七六倍に、また、同じく東谷地区では二・七五倍の人口を有するように

なったわけです。

まさしくこれも全国的な大都市への人口流入の一コマであったわけですが、この川西市北部地域への流入については、昭和三九年（一九六四）ごろから始まった中規模以上の住宅団地の造成が大きな役割を果たしました。川西市の場合、その多くが民間開発業者の手によるものでした。なかでも、昭和四一年（一九六六）に分譲が始まった多田地区の西武都市開発の多田グリーンハイツ（緑台・向陽台・水明台、計画戸数六四〇三戸）、東谷地区の大和《だいわ》団地の阪急北ネオポリス（大和東・大和西、同四一六六戸）、四四年（一九六九）多田地区で分譲開始の進和不動産の清和台《せいわ》（清和台東・清和台西、同五〇〇〇戸）などは規模が大きく、四六年（一九七一）川西地区で分譲開始の東急不動産の東急ニュータウン萩原台（萩原台、同一三〇四戸）などの開発でさえかすんでしまうような規模を持っていました。もちろん、その他の中規模以上の団地造成も北部地域を中心に引きも切らず、木や草でおおわれていた緑深い、かつての山々は宅地に造成され、この地域の風景を一変したのでした。

山の上の住宅団地と麓の農業集落

手前は芋生集落。階段状の農地、左側に熊野神社、右側に墓地も見える。その上部にけやき坂住宅地が広がる。生活様式の違う両者が接近してそれぞれの暮らしを営む。

こうして、川西市は、昭和二九年（一九五四）の市制施行時全市人口三万四〇五二人が、二〇年後の昭和四九年

（一九七四）には一一万〇〇七二人を数える大きな住宅都市に変貌したのです。かつて農業を中心に共同体を形成していた農村部では、そうした宅地に転換するために大規模な山林売却が進み、そうして得た資金で農地を守っていこうとしたのかもしれません。しかし、いずれにしても旧村の力の源泉のひとつであった山林は、新しく住民となった多くの人々の手に分割されていったのです。

川西市は昭和三一年（一九五六）六月他都市にならって工場誘致条例を制定しています。その結果、昭和三五年（一九六〇）～三六年（一九六一）には国道一七三号線沿いの中・北部に約一五の工場進出が決定しました。また、伝統的な皮革業もこの間急速な成長を示しています。しかし、川西市内は全体としてみれば、この間、工業の盛んな都市とは言えない状況になっていきます。むしろ、住宅都市への方向を明確にしていったと言っていいでしょう。昭和四四年（一九六九）三月には工場適地減少と住宅都市としての環境保全というのを理由としてこの条例を廃止しています（『市史』第三巻五九一～五九三ページ）。

通勤人口は昭和三五年（一九六〇）以降も急速に増大し、昭和四九年（一九七四）には阪急能勢口駅を利用する乗降客は、定期利用者が三万五六七一人、定期外の利用者が一万七二〇七人、能勢口駅は能勢電車の通勤客も合わせ、駅のホーム拡張も間に合わず、朝夕のラッシュ時にはパンク寸前の状況を呈するようになります。国鉄福知山線の複線電化も強く望まれるようになってくるのです。

こうした中、昭和四八年（一九七三）にはジャスコ川西店、イズミヤ多田店、西友ストア関西多田店が開業し、四九年には西友ストアー川西店　ダイエー川西店が相次いで開業しました。いずれも売場面積九〇〇〇平方メートルを超える、当時では最大規模の店舗で、他都市に比べても目を引く出来事となりました。川西市民の買物行動は、従来の池田市から自らの居住する川西市内に移り、中心市街地における商業活動の拠点を確立していくのです。

これは、ある面では、あまりにも急速な住宅地化の進行するなかで、なんとかして人間らしく、暮らしやすい都市への改造を実現したいという住民の熱意に支えられていたといってもいいでしょう。このような中、行政当局者もまた住環境の改善に向けた対策に追われることとなったのです。猪名川とのかかわりでいえば、かつての農業用水や産業用水中心の体制が変革されるのはやむを得ないことでありました。

水道と下水道

昭和三〇年（一九五五）代以後、川西市域に住宅を求め新しく住民となった人々の水への関心は、まず自らの身の回りのこと、すなわち日々の暮らしに必要な上水道と下水の設備、そして時々襲われる洪水への対策、さらには暮らしに潤いを与えてくれる猪名川とそれを取り巻く自然とのふれあいにあったと思います。

川西市内の上水道と下水道の整備については、『川西市30年のあゆみ』（昭和五九年）に概略が記されています。それによれば、昭和二九年（一九五四）八月の市制実施前の川西町で上水道の供給が行われていたのは、久代《くしろ》の一部と小花《おばな》・寺畑《てらはた》の各地区にとどまっていました。久代の一部というのを除けば、駅周辺と市街地山手の住宅地に限定されていたと言っていいでしょう。当時の給水世帯は七一五世帯、一日平均の給水量は三五〇立方メートルにとどまるものでした。

市制施行後、川西市が自己水源による給水を開始したのは昭和三三年（一九五八）のことでした。約二万人を対象に、日量五〇〇〇トンの規模で出在家に松山浄水場を建設し、花屋敷山手町に配水池を完成させました。しかし、これは昭和三五年ごろから人口急増による需要の増大に対応し、拡張工事を繰り返すこととなります。三九年（一九六四）には計画給水人口三万四〇〇〇人、一日最大給水量八五〇〇立方メートルに増量、さらに第二次拡張計画で計画給水人口八万一〇〇〇人、最大給水量二万八五〇〇立方メートル、四九年（一九七四）に着手した第三次拡張計画では県営用水四五六〇立方メートルの受水によって一日最大給水量三万三〇六〇立方メートルにする計画が立てられます。ところが、これは、一庫ダムの建設が遅れたため事業変更し、五一年（一九七六）に東久代地区二ヶ所と加茂・久代地区各一ヶ所で合せて日量一万一〇〇〇立方メートルを井戸から取水することとなりました。

一方、北部地域ではどうだったのでしょうか。原初を訪ねると、平野《ひらの》に炭酸水が多量に含まれているため、昭和三二年（一九五七）には給水人口三〇〇人、施設能力四五立方メートルの簡易水道を完成させていました。昭和四〇年（一九六五）代に入って大規模団地の開発がこの地域にあいつぐようになると、各団地ではそれぞれ自己水源による事業を始めます。阪急緑ヶ丘簡易水道・多田グリーンハイツ水道・阪急北ネオポリス水道・清和台水道・鶯の森専用水道そして湯山台専用水道です。しかし、これらは水源が不安定であったうえ、多田・東谷地区の既存集落の地下水位の低下と汚染をもたらしました。

多田浄水場全景（兵庫県企業庁「多田浄水場」より）

川西市では、この問題を解決するため、計画給水人口九万三〇〇〇人、一日最大給水量三万九九〇〇立方メートルの北部水道事業に着手することとなります。

昭和五五年（一九八〇）からは、これらの水道と北部及び南部の市営水道の統合を目指し、第四期拡張工事に着手しました。昭和五七年には一庫《ひとくら》ダムから暫定取水した兵庫県水道用水供給事業の一部通水開始もあって、ようやく全市一元的な給水ができるようになります。昭和五九年三月末における水道事業は、計画給水人口二〇万四二〇〇人、一日最大給水量九万〇一〇〇立方メートルとし、実際の給水戸数三万九六六〇戸、給水人口一三万二八八三人、普及率は九八・九パーセントに及ぶこととなりました。わずか三〇年ほどの間で上水道事業はようやく人口増に追いつき、安定することとなったわけです。猪名川の存在がいかに大きかったか、またこの間の工事がいかに大変であったか思い半ばにすぎるものがあるでしょう。

振り返ってみれば、これは、まさしく都市化時代を迎えて生じた猪名川の新しい価値の発見とその実現のための努力であり、その主体として、市民の生活とその便益を重視する行政としての市と県が前面に立った取り組みであったと言っていいでしょう。この場合、行政は、自由な個人の取り組みを支援し、規制し、あるいは事業者相互の調整を図るといった消極的な位置から、みずからが事業の主体になるという新しい役割を発揮し始めていることに注意しておきたいと思います。

次に、下水道の整備について見ておきたいと思います。下水道の機能は、雨水の排水による市民生活の安全、家庭・工場等からの汚水の処理、便所の水洗化による清潔で快適な生活環境の創造など、近代的な都市生活を営む上で欠かすことができない大事なものです。その必要性が、市民の間からも、また行政当局の間からも、いつのころからか認識されてきました。猪名川流域では、昭和四〇年（一九六五）一二月猪名川流域下水道計画が豊中・箕面・池田・伊丹・川西の五市によって発足しました。昭和四六年（一九七一）には宝塚市・猪名川町・東能勢村（現豊能町）が加わってきます。ここでは、猪名川をはさんで大阪府と兵庫県という二つの府県をまたいだ組織を作ったことに特徴がありました。相互に協力する方が有利だと判断した結果です。この計画面積は一万〇四五九ヘクタール、計画人口は一二八万人でした。終末処理場は豊中市原田に設けられました。原田で、参加各市の汚水を集めて浄化し、猪名川に放流することにしたのです。

川西市では、完全分流方式すなわち雨水と汚水は別々の管渠で排除する方式をとっていきます。雨水は、昭和四九年（一九七四）に完成した栄根の前川雨水ポンプ場で低地帯の雨水を最明寺川に排除することができるようになりました。また同じ年、流域下水道幹線が川西市まで延長し、汚水をはじめて原田の終末処理場に流入させることができるようになりました。その後、水洗化は市内中心部から周辺部に広げられることとなりましたが、昭和五九年（一九八四）三月末ではまだ二六・六パーセントにとどまっていました。一方、民間開発会社による大規模団地では、団地ごとの処理場による水洗化が進められ、これも公共下水道に含めるように事業が計画されることとなりました。これを加味するときには市内の水洗化率は昭和五九年段階で六一パーセント弱となっていたとのことです。

一方、皮革工場からの排水は約八〇の工場からの排水が加茂用水などを汚染しているとして問題とされ、昭和四四年（一九六九）には皮革排水のみを対象とする簡易処理場の建設を行いました。さらに昭和五〇年（一九七五）からはこの全面拡張に着手しています。これによって「死の川」となっていた最明寺川にも再び魚類が戻ってきたとの報告がされています。（現在は、新しい都市区画として生まれ変わり、工場もすべて廃止、この下水処理施設も整理されたと聞いています。）

下水は、川の利用というよりは、川の安全と河水の汚染防止を狙いとした事業というべきでしょう。この問題も、淵源はおそらく近世社会の形成期から活発化した銀銅山の開発による鉱毒水問題にまでさかのぼると思いますが、近現代の社会では、それに行政当局が自ら関与し、工事を進め、市民と汚染者に受益者としての負担を求めていくところに歴史的な特徴があったと言っていいでしょう。

相次ぐ水害

猪名川は流路が短く、急流であるため、しばしば洪水に襲われました。もちろん、近代になってもこの事情は変わっておりません。明治二九年（一八九六）八月三〇日から三一日の暴風雨では六瀬村（猪名川町）で役場や人家一七戸が流失し、二九名もの死者を数えたなど「笹尾流れ」と呼ばれる大きな洪水が記録されています（猪名川町ホームページ）。また、この時の被害について池田警察署長は、管内（池田にとどまりません。ただし対象は大阪府内のみ）の被害を家屋流失一一戸、納屋流失三戸、半崩れ家屋三二戸、同土蔵一戸、同納屋一二戸、浸水納屋三戸、床上浸水一三六戸、床下浸水一三二戸、流失橋梁七、道路破壊六ヶ所、馬一頭流失、浸水田畑約五〇町歩、うち一〇町歩は荒田となると報告しています（『新修池田市史』第三巻一四五～一四六ページ）。

一方、国土交通省近畿地方整備局猪名川河川事務所のまとめでは、昭和一〇年（一九三五）の猪名川大水害と一三年（一九三八）七月五日の阪神大水害が大きく記録されています。阪神大水害が猪名川流域に及ぼした影響は、鼓滝狭窄部の影響による多田地区の氾濫、余野川合流点付近からの本流越流、伊丹付近における駄六川氾濫、下流部における本川と藻川の決壊等、被害は沿川各地にわたりました。内務省は、この災害後、猪名川工事事務所を開設し、昭和一五年（一九四〇）から堤防工事にかかり、昭和二七年（一九五二）ないし三四年（一九五九）には藻川を改修しました。

戦後も、昭和二五年（一九五〇）九月三日のジェーン台風、二八年（一九五三）九月二四日の台風一三号、三五年（一九六〇）九月二七日の伊勢湾台風、三五年（一九六〇）八月二九日の台風一六号、三六年（一九六一）九月一六日の台風一八号（第二室戸台風）と続いています。この時期の洪水は、戦時中上流の山間部で盛んに進められた松根油採取のための森林乱伐の影響ではないかとの指摘も行われています。昭和三四年の伊勢湾台風では、戦後市民に親しまれていた鶯の森駅近くの小戸井井堰を利用した遊泳場が使えなくなりました。

この後は大きな被害はあまりなかったようですが、昭和四七年（一九七二）九月一六日には台風二〇号、そして昭和五八年（一九八三）九月二八日には台風一〇号で市内約五〇〇〇戸が浸水するという大きな被害を出しました。市街地が広がるとともに、被害も都市型になってきたと言っていいでしょう。川西市内についていえば被害は、つねに多田地区と、余野川合流部以南の中心市街地域に集中するようになってきました。山地を切り開いて広大な住宅地に変えたことの影響も考えるべきかと思っています。

ただ、この後の項で詳しく見ていきますが、昭和五七年（一九八二）一庫ダムが築造されて洪水の調節を始めるようになり、また堤防の改修工事も進展する中で、大きな被害は目につかなくなってきました。これは近代科学と技術が生み出した大きな成果かと思います。しかし、このためか、現在、市民は、猪名川が大きな水害をしばしば引き起こし、市民生活の根幹を奪う恐ろしい存在であることをあまり意識しなくなっているのではないかと危惧しています。

一般に科学技術は、歴史上いろいろな問題を解決させてきましたが、それによって得られた新しい生産や生活条件のもと、かつては存在しなかった大きな被害の恐れも生み出されてきたことを忘れてはなりません。地域の農地や山地を広く消失させ、住宅都市として新しい生活の形を営み始めている現在、川の近くに住む人びとはもちろんのこと、広く安心安全な暮らしを維持するため、このことは、今後もっと真剣に検討しなければならない課題かと思っています。

一庫ダムの築造

猪名川にダムを築造する工事は、昭和一三年（一九三八）阪神大水害をきっかけに内務省土木局で検討され始めました。猪名川と大路次川の合流点の少し下流、虫生《むしう》地点に高さ四五メートルの洪水調節ダムを築造し、ダム地点の洪水時流量毎秒一四五〇立方メートルを一〇〇〇立方メートルに調節し、下流においては猪名川を締め切ってもっぱら藻川を拡張して洪水の疏通を図ろうというものでした。昭和一五年にはこの計画に基づいて工事に着手したのですが、戦争のため資材が不足し、ついに中止のやむなきに至りました。

戦後昭和二八年（一九五三）の台風一三号（九月二四日）で猪名川筋にも大きな被害が生じました。このとき洪水後の小戸《おおべ》地区の痕跡調査から最高水位三・八メートル、その流量毎秒一六〇〇立方メートルと推定されました。これを基準に、「下流には大阪空港や大小一〇〇〇余りの工場があり、阪神工業地帯の発展はさらに予測される中、地域開発の重要性にもこたえられるよう」、治水と利水の両面から改めてダム調査が実施されることとなったのです。建設省猪名川工事事務所では、昭和三五年（一九六〇）から虫生を中心とした地点、さらにその後虫生と一庫《ひとくら》地区とを比較検討し、一庫地区にダム築造を決定したのです。現地調査の結果、七〇メートル級のダムであれば地質上建設可能であると見込まれました。

一庫ダムは、治水・灌漑・生活用水の多目的ダムとして築造されることとなりました。建設省は、能勢川と大路次《おおろじ》川の合流地点である出合《であい》を最適候補地として、昭和四一年（一九六六）一月一九日川西市に対し正式に予備調査立ち入りの協力を申し入れます。ちなみに、ダム築造の影響を受ける自治体としては川西市・猪名川町・能勢町・東能勢村の各市町村がありました。このうち、川西市を除く他の町村はこの申し出を受け入れたのですが、川西市に属する一庫《ひとくら》・国崎《くにさき》・横路《よこじ》・黒川の各地区では一四五名の連署をもって一月二三日に反対陳情を行い、市長を通じての交渉を求めます。これらの地区では住居をはじめ、宮や寺院、耕地・山林などの生活基盤が水没する地点を含んでいました。おそらく、伝統的な共同体の崩壊に対する危惧を強く持ったからと考えていいでしょう。

こうした中、猪名川の制御に強い自信と義務感をもっていた建設省近畿地建と兵庫県は、昭和四三年（一九六八）三月四日ダム建設の実施を発表し、水資源開発公団では、昭和四三年六月淀川水系資源計画に一庫ダムを追加し、同年八月には一庫ダム調査所を開設して関係地区への説明を始めます。そして、一二月二六日には日本水資源開発公団を事業主体とする一庫ダム新築工事開始を公示するに至ります。

これに対し、昭和四三年八月二〇日には国崎・黒川・一庫地区で一庫ダム建設絶対反対期成同盟会を結成し、本格的な反対運動を開始します。一方、川西市では昭和四四年（一九六九）四月一日一庫ダム対策室を設置し、水没地住民の移住用地として公共用地の先行取得に着手し、東畦野の田地四万五二〇五平方メートルを買収します。伊藤龍太郎市長は兵庫県と水資源開発公団に対し、水没地住民ならびに周辺に残る住民に対する措置、公共補償・個人補償など一〇項目にわたる意見書を提出し、一方では、関係地区住民の説得にも力を注ぎます。猪名川を制御し、治水と利水をはかる国の立場も理解し、同時に地域住民の心も生かしたい市の代表として市長の苦悩も極点に達していました。

昭和四五年（一九七〇）七月関係地区では絶対反対を解き、対策委員会を結成します。一一月四日、米田一庫ダム建設所長と西村九一一庫ダム建設反対期成同盟委員長は伊藤市長立会いの下で各種測量調査立ち入りに関する覚書を締結し、翌年用地調査を開始、昭和五〇年（一九七五）八月一一日には市長の斡旋によって一般補償基準仮調印がなされ、同月二一日兵庫県と川西市が立会いの下本調印を行いました。多くの祖先たちが営々として築き上げてきた共同体的な地域、住居や耕地あるいは山林といった生活基盤を失わざるを得ない住民の心は実に複雑なものがあったと思われます。この間、一庫ダムは昭和四九年七月には水源地域対策特別措置法の指定ダムとなっています。また、水資源開発公団は昭和五一年（一九七六）一一月には猪名川漁業協同組合連合会と漁業補償に調印、昭和五二年（一九七七）二月には川西市との公共補償に調印します（注）。

（注）全戸がダム湖に水没した国崎については、川西市教育委員会によって緊急民俗調査が行われています（川西市教育委員会『国崎―一庫ダム水没地区民俗資料緊急調査報告書―』、昭和五〇年）。

ダムの工事は、昭和五二年五月本体掘削を開始、以後、五四年一〇月二五日定礎式、五六年一〇月二〇日本体コンクリート打設完了、五七年三月二三日から堤内仮排水路の閉塞、貯水開始、五七年四月一四日完成式と進み、昭和五八年四月一庫ダム管理所の発足となりました。

完工式当日、伊藤市長は「この十数年間はダムとともに歩んだと言っても過言ではない」と述懐しています（『川西市30年のあゆみ』九五ページ）。一般補償はダム用地になった土地の面積約一六八ヘクタール、移転戸数は三五戸、公共補償としては付替道路、小学校一校、特殊補償として先ほども少し出てきた漁業補償のほか、鉱業権補償、発電所補償も含まれています。発電所補償というのは、出合に建設されていた発電所（このころは関西電力）のことを指しています。

完成したダムは、高さ七五メートル、堤頂の長さ二八五メートル、体積約四四万一〇〇〇立法メートル、総貯水量三三三〇万立方メートル、有効貯水容量三〇八〇万立方メートル、型式は重力式コンクリートダムで、事業費は六三八億円を要したということです。

一庫ダムには四つの目的が規定されています。第一には、洪水調節。これは、二〇年に一度の大雨を対象に、ダムへの流入が毎秒一五〇〇立法メートルを超えたとき、最大毎秒七九〇立方メートルまでと見込んで、このうち毎秒六四〇立方メートルまでをダムに貯留し、一五〇立方メートルを放流して、下流の洪水流量を調節させるというものです。

一庫ダムの全景写真

第二には、流水の正常な機能の維持です。これは、既成農地への灌漑用水（虫生地点で灌漑期最大毎秒二・七二四立方メートル、非灌漑期毎秒一・一〇立方メートル）、その他魚族保護、河川景観の維持などに資するというものです。

第三には、水道用水です。これは兵庫県水道用水として尼崎市・宝塚市・伊丹市・川西市・猪名川町に対し、合せて毎秒一・九二二立方メートル、池田市水道用水として毎秒〇・三六五立方メートル、川西市水道用水として毎秒〇・一一六立方メートル、豊能町水道用水として毎秒〇・〇九七立方メートル、合計毎秒二・五〇〇立方メートルの供給を行うというものです。これによって約五〇万人から六〇万人の水道水供給が可能となったと言われています。なお、浄水場は川西市多田地区に設けられました。

最後に、ダム自体の管理用として発電設備を設置し、最大使用水量毎秒四・〇立方メートルを使用し、出力一九〇〇キロワットの発電を行うことです。

一庫ダム築造以後、猪名川のありようは大きく変わりました。人の力で水に対し一定の制御を行うようになったと言うことです。残念ながら、昭和五八年（一九八三）の水害は防げませんでしたが、その被害を減少させ、さらにそれ以後、おおきな水害を聞くことがなくなっています。また、渇水が減少し、猪名川はいつも流れる川となり、その水量は平均的になってきています。猪名川は、科学と技術の力によって制御される時代に入ったと言っていいでしょう。また、その制御は、かつての建設省、現在では国土交通省や県あるいは市といった行政機関の任務とされてきています（注）。

（注）建設省近畿地方建設局猪名川工事事務所が編述した『猪名川五十年史』（一九九一年）という全七六九ページ

にわたる大きな本があります。猪名川をめぐる歴史的記述もありますが、その出来映えは別として、戦前の虫生ダム構想から始まり、一庫ダムおよび沿川の堤防工事に至る経過と資料および関係者の座談会からなっていて、いろんな意味で大変参考になります。猪名川改修工事に関わった人たちは、先端技術者及び官僚として、猪名川に対する地元の人々の古い手法や意識に対する批判的な視点を共有するとともに、猪名川の治水あるいは制御は国およびその担当者の仕事になって初めて可能となったという自負心にあふれ、あるいは文明論的な思いをこもごも語り合っています。

川の現場における管理は、川についての豊かな知識を持ち、技術を行使できる専門家に任され、ある意味で市民はその果実を受け取る受益者といった構図がこうして出来上がってきたわけです。しかし、沿川に住む市民が川の管理に積極的に取り組む機会はかつての時代に村びとが熱心に取り組んだのに比べてはるかに減少してきました。このままでいいのかどうか、おそらく、この構図は今後大きなテーマとして検討されていかなければならない時期が来るものと考えています。

川と生活のうるおい

いま、夏の風物詩として猪名川花火大会が川西市と池田市の共催で毎年八月下旬に行われています。これは昭和二四年（一九四九）から始まりました。当日は、猪名川の両岸に万を超す大勢の人々が、いろんな地域から集まり、夜空を彩るさまざまな花火にときを忘れて楽しんでいます。また、昭和五七年（一九八二）、一庫ダム完成を記念して始まった一庫ダム周遊マラソンもすっかり定着した感があります。

猪名川で憩う市民

体力に応じたコース設定があり、三〇〇〇人前後の参加で、毎年秋の一日ダム湖の周りをめぐります。

いっぽう、このようなイベントではなく、天気の良い日などには河原の歩道を歩いたり、ランニングしたりする姿はいつも見られます。家族や友人とともに、ピクニックを楽しむ姿も普通の情景です。平地部を流れる広い川原に設けられた運動公園では、地域のグループや学校の生徒たちがさまざまな種目に取り組んで汗を流しています。猪名川は、市民が日頃の疲れを癒し、健康と英気を養う大事な場となっているのです。

最近では、猪名川の自然を楽しみ、観察し、そこに生息する動植物の保護を図る人々もたくさん生まれてきているようです。国土交通省の猪名川工事事務所でも、こうした市民の取り組みが行いやすくなるよう、さまざまな配慮を重ねているようです。これは大事なことかと私は思っています。まさに都市化時代の猪名川の大事な価値の発見ではないかと考えているものです。多くの市民が猪名川に親しみ、猪名川の様々な価値と危険を知り、今後のその在るべき姿を考えるきっかけとなってほしいものです。それは、そのための条件整備とあわせ、今後の大きな課題ではないでしょうか。

おわりに

ここまで猪名川に視点を据えて地域の歴史を古代から現代まで長々と見てきました。ただし、大事だと考えながら能力や史料の欠乏から語りえなかった問題も結構たくさん残っています。たとえば、水をめぐる信仰の問題、水利をめぐる村と村との争い、農業従事者間における用水秩序の問題、土砂留の問題、橋の問題、さらには近現代における堤防の構築および河道の整備と変更問題など、今後に期さなければならなくなったことは大変残念なことと思っています。ただ、ここではそうしたことを心にとどめながら、全体を終結させるにあたって、気づいた点をいくつか指摘しておきたいと考えます。

まず、最初に予想していた通り、猪名川こそ地域を支える大きな自然の基本的条件であったということの再確認です。歴史の中で様々な人々が猪名川に関わり、猪名川に支えられて今日まで暮らしを築いてきました。人々は、猪名川とともにその情感を育み、また猪名川の中に様々な価値を見つけ出して、その価値を入手するため様々な努力を重ねてきたのです。当初、猪名川の自然そのものが与えてくれる山の幸・川の幸をそのまま利用する形にとどまっていた状況から、やがて農業水利の開発へ、また交通路としての整備や発電も含む工業的用途の開発へ、さらには都市化する中での生活用水の確保など、積極的に川に立ち向かってきました。猪名川はそれに応えてくれたのです。実に猪名川あっての暮らしの進歩であったと言っていいでしょう。

流域の人びとは、これらの価値を実現するために人々自身の社会的関係を紡ぎ出し、維持し、そして改編してきたのです。猪名川との関わりの中で人々がつくりあげた社会的関係のありようは、流域の歴史そのものであったと言っていいでしょう。それは、まさに歴史の中で形成され、また変化してきたのです。

その経過を少し整理しておきましょう。残念ながら、古代における猪名川の利用とそれに関わる人々の相互関係は必ずしも明瞭にすることはできませんでした。しかし、中世以来、農業生産に対する重視が進み、そのなかから共同体としての村が出現し、川の利用に対しても大きな強制力を発揮することとなったことは、間違いなく歴史の大きな変化でありました。この流れは、近世を通じてさらに強固となって行きますが、やがて、その中においても自由な個人の活動の活発化が進み、川への自由なアプローチが求められてきます。近代になると、この傾向はさらに強まり、かつての共同体的な村に代わる新しい行政機関がその調整役として大きな仕事を果たすようになっていきます。この間、鉄道や道路の発達があり、交通路としての川の利用は後景に退き、また生業としての漁業も衰退してきました。

一方、近代社会の進展は、初め阪鶴鉄道の池田駅（現在のＪＲ川西池田駅）や阪急の能勢口駅（現在の川西能勢口駅）などを中心に町場をつくって、それを広げ、戦後になると旧川西町域のみならず多田地区や東谷地区においても住宅都市化が著しくなってまいります。住宅都市川西市の誕生です。近代において生じたこの住宅都市化が、人々の猪名川に対する取り組み方や意識を大きく変えていくことになりました。また、川に対する人々の社会的ありようにも大きな変化を生み出してまいりました。すなわち、猪名川に対し、国や県あるいは市といった行政機関が積極的な役割を果たそうとして前面に出てくるのに対し、市民は、かつての共同体的な村や村びとが主体的な存在として川に立ち向かったのとは異なり、行政のサービスを受ける、いわば「受益者」の立場に移ってくるのです。私は、このことが現代における根本的な課題ではないかと考えています。

ところで、川に対する人々の取り組みは、人間の技術力を反映していました。当初、猪名川の本流など大きな流れに対しては、農業用水の確保など、その改良を求めてそこに手を付けることはまず考えられませんでした。それが、中世以来、井堰や用水路を作る技術—その中にはトンネル掘削の技術も含みます—を向上させていったようです。このような技術力の進歩が近世前~中期における村の発展を生み出し、猪名川本流や大きな支流の近くまで農地を広げる条件となっていったのです。

ここに示されていることは、人間の力のすばらしさです。私どもの先輩たちは、このことを実に見事に体現してきていたのです。しかし、ここに大きな問題が生み出されてきていたこともまた事実でした。すなわち、こうした技術開発が、人々の生活に対する川の脅威を増大させ、水害や旱魃の害を広げ、それとの戦いを課題とさせてきたことも歴史資料が物語る事実なのだということです。私たちは、ここのところもしっかり見ておきたいと思います。そして、この問題は、近現代になるといっそう深刻さの度合いを増しているのではないかとも思っています。すくなくとも、私にはそのように思われてなりません。以下、気になっているところを述べてみます。

なんといっても、近代になると、社会の全般的な技術的発展は水の利用についてもいっそうその可能性を広げてきたことが大事なところです。近代的な技術は、都市化とともに増大する生活用水の確保、さらには水質の維持といった問題にも応えることが求められてきました。実際、清流で、水量もある猪名川があって、はじめて近代的な住宅都市川西市は成り立っているのです。これは猪名川を取り巻く大きな環境の変化といっていいでしょう。

このようななか、行政は、生活用水の安定的な確保と水による災厄防御もかねて、ついには巨大なダムや頑丈な堤防の構築あるいは河道の改修など、川そのものを制御する方向に技術を進歩させてきました。一庫ダムの築造はすでに終わっていますが、河道の改修や巨大な堤防工事は、今も日々進められています。しかし、ここでは、都市開発のあるべき理念や地域開発がもたらす地域変貌の実情についてどのような把握を行い、批判が行われているのでしょうか。国や県そして市は、相互にどのような話し合いを行っているのでしょうか。一方、「安全・安心・健康で元気なまち川西」が謳われていますが、市の側から見て今の住宅開発は、猪名川の制御工事とどのように関係づけられているのでしょうか。また、市民の意識や取り組みはどうなのでしょうか。ひょっとしたら、これらの相互協力は驚くほど弱いのではないでしょうか。そして、こうした状況は、全体として流域に住む私たち個人あるいは地域になにか大きな問題を生じさせるのではないかということです。

猪名川と人びととのかかわりの考察を終えるにあたって、現代はその大きな転換点に立っているという思いがあります。猪名川が、流域の人びとの心のよりどころとなり、さらに大きな役割を果たしていくために我々はどうすべきなのか、今真剣に問われているのではないでしょうか。

◎著者プロフィール

小田 康徳（おだ　やすのり）
1946年香川県生まれ。文学博士。
日本近代における公害問題史の研究に従事するとともに、近代を中心とする紀北および大阪の地域史研究でも知られる。
2014年大阪電気通信大学を定年退職し名誉教授。エコミューズ（あおぞら財団付属西淀川 公害と環境資料館）館長、NPO法人「旧真田山陸軍墓地とその保存を考える会」理事長。また池田市史編纂委員会委員長などを兼務。

《おもな著書》
『近代日本の公害問題―史的形成過程の研究』（世界思想社、1983）
『都市公害の形成―近代大阪の公害問題と生活環境―』（世界思想社、1987）
『新版 日本近代史の探究』（世界思想社、1993年初版）
『近代和歌山の歴史的研究―中央集権化の地域と人間』（清文堂出版、1999）
『維新開化と都市大阪』（清文堂出版、2001）
『陸軍墓地がかたる日本の戦争』（ミネルヴァ書房、2006、共編著）
『公害・環境問題史を学ぶ人のために』（世界思想社、2008、編著）
『近代大阪の工業化と都市形成』（明石書店、2011）
『歴史に灯りを　言ってきたこと、やってきたこと、できなかったこと』
（阿吽社、2014）

川西《かわにし》の歴史《れきし》今昔《こんじゃく》

猪名川《いながわ》から見《み》た人《ひと》とくらし

2018年1月20日　初版第1刷発行

著　者――小田康徳《おだやすのり》

発行者――吉村一男

発行所――神戸新聞総合出版センター

〒650-0044　神戸市中央区東川崎町1-5-7
TEL 078-362-7140／FAX 078-361-7552
http://kobe-yomitai.jp/

印刷／神戸新聞総合印刷

落丁・乱丁本はお取替えいたします

ISBN978-4-343-00978-4　C0021